广东地方治理创新研究丛书

肖　滨　朱亚鹏　主编

寻求基层治理中的结构平衡
——广东探索基层治理创新

蒋红军　陈晓运　等著

·广州·

版权所有　翻印必究

图书在版编目（CIP）数据

寻求基层治理中的结构平衡：广东探索基层治理创新/蒋红军，陈晓运等著. —广州：中山大学出版社，2017.5

（广东地方治理创新研究丛书/肖滨，朱亚鹏主编）

ISBN 978-7-306-06037-2

Ⅰ.①寻… Ⅱ.①蒋… ②陈… Ⅲ.①地方政府—行政管理—研究—广东　Ⅳ.①D625.65

中国版本图书馆 CIP 数据核字（2017）第 081973 号

出版人：	徐　劲
策划编辑：	嵇春霞
责任编辑：	嵇春霞
封面设计：	曾　斌
责任校对：	李艳清
责任技编：	何雅涛

出版发行：中山大学出版社
电　　话：编辑部 020 - 84110771，84113349，84111997，84110779
　　　　　发行部 020 - 84111998，84111981，84111160
地　　址：广州市新港西路 135 号
邮　　编：510275　传　真：020 - 84036565
网　　址：http://www.zsup.com.cn　E-mail：zdcbs@mail.sysu.edu.cn
印　刷　者：佛山市浩文彩色印刷有限公司
规　　格：787mm×1092mm　1/16　15.5 印张　212 千字
版次印次：2017 年 5 月第 1 版　2017 年 5 月第 1 次印刷
定　　价：52.00 元

如发现本书因印装质量影响阅读，请与出版社发行部联系调换

教育部人文社会科学重点研究基地
中山大学中国公共管理研究中心重大项目"中国特色的治理理论构建（16JJD630012）"研究成果

总　序

20世纪八九十年代以来，经济全球化和以信息技术为导向的新技术革命浪潮席卷世界各国；它们不但深刻地改变了国际经济、政治格局，也快速重塑着全球治理体系。全球化在带来了重大红利的同时，也给不同经济体之间以及各经济体内部带来了一系列分化与冲突，并由此引发了全球性的治理危机。不同国家回应危机的方式大相径庭，乃至直接催生出全球化与逆全球化之间角力的局面。作为全球化的参与者、受益者和积极推动者，近年来，中国积极谋划顶层设计，在规范公共权力运行、营造公平市场环境和维护公共秩序等方面进行了大胆改革与创新，力图通过创新和善治解决国内发展中遇到的新问题，并努力为推动世界经济发展和全球善治贡献中国智慧，体现了引领全球化发展的大国担当。

面对全球化带来的机遇和挑战，改革与发展成为当代中国的必然选择。党的十八届三中全会进一步将"推进国家治理体系和治理能力现代化"确定为全面深化改革的总目标，力争在2020年形成系统完备、科学规范、运行有效的现代制度体系。我们有理由认为，这不仅是一个事关中国国内治理的战略布局，它也为增强中国参与全球治理的能力、为全球治理提供"中国方案"创造了契机。在近40年中，中国融入了全球化浪潮，不但保持着经济高速增长，而且社会总体稳定并充满活力。因此，越来越多的人从直接关注中国的经济奇迹，开始转向探究这种经济奇迹背后的政治动力和社会诱因。事实上，近年来，中国的治理经验已开始被越来越多的国家所认可和借鉴。

然而，作为一个发展中的大国，积极的地方探索是中国改革开放得以成功的一条重要经验。为应对现代化和全球化进程中的各种挑战，中国涌现了大量的地方治理创新典型案例，其直接动力根植于地方社会不同类型行动者的持续互动之中。换言之，在特定的结构和制度情景中，不同的行动者通过互动，逐步消弭利益冲突并达成政策共识，进而让公共问题最终得到解决。虽然随着改革进入深水区，中央顶层设计的必要性日益凸显，但保持地方自主探索的活力依然是中国治理现代化不可或缺的一环。在此意义上，为了更好地总结中国的治理经验，并准确揭示它们背后的动力及其作用机制，我们需要将研究触角进一步下沉到纷繁复杂的地方治理实践过程之中，以便为下一步对全球治理之"中国方案"的学理表达提供切实的地方性经验的支撑。

作为改革开放的前沿地带，广东地方治理创新始终保持着热度，甚至在全国都起到了引领示范的作用。改革开放以来，广东一直秉持"敢为天下先"的精神，在诸多领域积极进行探索创新，无论是在经济发展、法治民主建设方面，还是在社会建设等方面，都大胆突破，涌现出一大批治理创新的典型案例。它们在地方实践的意义上构成了推进国家治理体系和治理能力现代化最直接的注脚，堪称理解中国治理经验的"广东样本"。

2012年年末，习近平总书记在广东考察时强调指出，"广东要努力成为发展中国特色社会主义的排头兵、深化改革开放的先行地、探索科学发展的试验区，为率先全面建成小康社会、率先基本实现社会主义现代化而奋斗"。这成为广东进一步推进治理体系和治理能力现代化建设的新起点和动力源。5年来，广东积极响应中央号召，在改革行政审批制度、优化基层自治、扩大公民有序参与、创新社会治理模式等方面继续着力，探索出了许多治理创新的新经验。立足于这些鲜活的广东治理创新案例，从实践出发提炼具有解释力和穿透力的理论体系，参与全球治理理论对话，进而提升中国国家治理的绩效和品质，将是一件兼具学术价值和现实意义的研究工程。

在此背景下，中山大学政治与公共事务管理学院、中山大学中国公共管理研究中心、中山大学当代中国政治研究中心本着"问人间政治之道以善政天下，求公共管理之理为良治中国"的一贯宗旨，推出《广东地方治理创新研究丛书》，试图对广东治理体系和治理能力现代化建设的理论基础、实践经验和未来走向进行一次系统地总结和探讨，内容涵盖政府内部纵横双向权力配置改革，国家、市场、社会与群众四者之间的协同共治关系变革，以及基层自治与社会治理革新等多个方面，为深入理解广东地方治理创新实践提供有益的理论解释，为广东破解发展难题、增强发展动力、厚植发展优势奠定坚实基础。

在中国改革开放40周年即将到来之际，我们也希望以出版本套丛书为契机，抛砖引玉，激发新一轮关注国家治理体系与治理能力现代化建设的研究潮流。一方面，除广东外，国内还有浙江、贵州等许多地区在不同公共领域中大胆尝试，形成了一大批集国家、社会与市场力量智慧于一体的治理创新模式。这些具体的治理实践内容丰富、成绩亮眼，不但值得深入剖析和总结，而且是进行不同地区治理创新比较研究的珍贵素材。我们希望学术界和实务界有更多人能投身于中国治理创新的研究及实践之中，为"中国经验"的提炼提供助益。另一方面，如何解决公共领域中的治理问题，进而建构善治良序的局面是世界性的难题。以中国治理经验为基础，通过实践分析、理论建构参与全球治理理论对话和治理实践质量优化也正当其时。我们愿与学界同仁一道，在做好充分的中国地方治理研究的基础上，基于国际比较的宽广视野，进一步推进更具普遍适用性的治理理论创新，真正彰显中国治理经验对于推动现代政治文明更新和治理理念发展的作用。

目录
CONTENTS

前言 …………………………………………………………… 1

第一章　巩固党的领导权
　一、现实背景与逻辑进路 ………………………………… 3
　二、完善自身组织建设 …………………………………… 13
　三、密切党群联系 ………………………………………… 29
　四、理顺党组织与村（居）委会关系 …………………… 39
　五、小结 …………………………………………………… 44

第二章　优化基层政府行政权
　一、现实背景与逻辑进路 ………………………………… 61
　二、革新治权体系：改革传统架构与激活多元参与 …… 69
　三、提升治理能力：健全管制机制与保障公共秩序 …… 83
　四、提升服务水平：拓展公共服务与推进精准供给 …… 94
　五、小结 …………………………………………………… 103

第三章　重塑集体产权
　一、背景与逻辑进路 ……………………………………… 111
　二、"界定资格"：明晰集体经济权属与组织成员资格 … 120
　三、"对接市场"：稳定承包权与放活经营权 …………… 127
　四、"优化监管"：强化农村集体资产监管权 …………… 135

五、小结 ·· 139
第四章　规范群众自治组织的权力
　　一、现实背景与逻辑进路 ································ 147
　　二、理顺自治权内部横向结构关系 ····················· 154
　　三、打通自治权内部纵向结构关系 ····················· 162
　　四、小结 ·· 170
第五章　落实村民参与权
　　一、现实背景与逻辑进路 ································ 179
　　二、规范选举：保证村民选举权 ························ 185
　　三、引入协商：强化村民决策权 ························ 191
　　四、健全管理：保障村民管理权 ························ 197
　　五、推动监督：发挥村民监督权 ························ 203
　　六、巩固基础：资金、人力与技术支持 ··············· 208
　　七、小结 ·· 219
后记 ·· 226

前　　言

广东是中国改革开放的桥头堡，是全面深化改革的先行地。一直以来，广东不忘改革先行使命、秉持摸石探路初心，敢为人先、勇立潮头、杀出血路。在全面深化改革的新时期，广东再次迎难而上，勇于担当，聚焦治理，戮力探索，大胆创新。

基层治理创新是一个复杂的实践过程，是多重因素交织而成的有机动力结构的直接产物。其中，中国共产党对于政权合法性的持续关注是基层治理创新的不懈政治动力。基层不牢，地动山摇。良善的基层治理关乎民之稳、民之情，是构建和谐社会的重要内容与重要保障，有利于巩固和增强政权合法性。按照习近平总书记提出的"重视抓基层、打基础，任何时候、任何情况下都不能放松"的施政精神，中共中央政治局委员、广东省委书记胡春华在广东省基层工作会议上强调指出，"基层治理关乎政权巩固，在党和政府的工作全局中，基层工作和基层治理始终占有重要地位"。由此，中共中央关于加强基层基础工作的政策指示以及对基层政权建设的风险认知通过党的组织体系传递到地方和基层，为基层政府改革创新注入了强大的政治动力，促使基层政府创新治理体系、提升治理能力，更加注重基层利益关系的协调和社会矛盾的疏导，形成了许多以捍卫基层为目标的基层治理创新经验。

高适应性的党政体制是基层治理创新的强大体制推力。通过学习机制和以协商为基础的民主决策机制，中国党政机构具有非常强的适应能力，能够有效驾驭充满多变性和不确定性的复杂局面。这种高适应性的党政体制从纵横双向两个层面推动着基层治理创新，有助于扎实推进基层基础工作。

在纵向层面，中央与地方关系是地方政府、基层政府行为的重要约束条件，其常规模式的变化为地方和基层的治理创新提供了有利契机。"目前，中国绝大多数的乡镇政府位于常规的中央和地方关系模式的最底端。在此种模式中，通过压力型体制与政治激励机制，中央将自身的权威与偏好自上而下地传导到基层政府，既希望实现有效的政治控制，又能推动经济增长与社会发展。但是，在常规的中央与地方关系模式之外，还存在着一些独特的中央与地方关系，源于中央与地方政府间的某些特殊'权力契约'。地方政府在其中能获得特殊的权力空间，从而在特殊的'权力契约'护航下进行改革试验与制度创新。"[1] 因此，现阶段地方治理创新正逐步走上顶层设计与地方探索有效对接、良性互动的道路，"请示授权"成为基层治理创新的重要政策工具。

就横向层面而言，党政双轨驱动构成了基层治理创新的两大主体推进力量。中央的顶层设计能够通过党政两条线，各有侧重地经由地方落实到基层，在基层开展相应的治理创新。党的十八届三中全会从战略管理的高度统筹改革与发展全局，为全面深化改革做出科学的顶层设计，提出全面深化改革的总目标是完善和发展中国特色社会主义制度，推进国家治理体系和治理能力现代化。作为国家治理的重要一环，基层治理在国家治理体系中发挥着基础性支撑作用，基层治理现代化直接影响着国家治理现代化的整体实现。因而，经由党政两套组织系统的任务传导，基层党支部作为共产党下沉到村级的力量载体，在村庄大力推动治理创新，以更好地发挥自

---

[1] 蒋红军：《城市化进程中的农民权利发展：现状、动力与经验》，载《武汉大学学报》2014年第6期。

身在村庄中的领导功能；乡镇政府作为基层政权，则侧重于如何优化行政权，创新公共管理与公共服务。二者共同推动着基层治理创新走向深入。

社会主义市场经济的辐射效应是基层治理创新的重要拉力。中国社会主义市场经济发展的历程表明，市场是资源配置的重要手段，也是各种创新的策源地。随着社会主义市场经济的辐射效应深入乡村社会，其对基层治理创新的拉动作用也日益明显。一方面，乡村经济发展面临着发挥市场在资源配置中的决定性作用的体制机制障碍，促使基层探索治理创新，通过管理体制机制改革和政策优化驱动乡村经济发展；另一方面，市场经济的繁荣发展带来了各种管理创新、机制创新与技术创新，为基层行政过程不断提供认知解放和技术引用的契机，产生大量以"互联网＋"和"大数据×"应用为代表的基层治理创新典型案例。

日益高涨的民众权益诉求是基层治理创新的现实社会压力。广东当前正处于经济社会转型升级的关键时期，各种社会矛盾、纠纷和冲突多发频发，民众的平等意识、参与意识、权利意识和法律意识高涨，非制度化的社会参与风险越来越突出，群体的利益诉求也日益多元化、复杂化、激进化。这些权益诉求和矛盾叠加产生的问题倒逼着基层治理创新，促使基层政府创新管理体制机制和政策，规范民众及其组织的权益表达、权益协调和权益保护，重视通过社会自治来疏导矛盾、解决问题，打造和谐融洽的基层社会。

在此背景下，广东基层治理创新具有强烈的问题意识，注重发挥多方合力，为广东全面深化改革赢得了国家支持、发展资源和民众认同。近年来，广东基层治理创新呈现加速态势，逐步形成多点开花、多线出击、全面推进的格局。基于此，如何描绘广东基层治理创新的巨幅画卷以及如何解释广东基层治理创新的内在逻辑，是学界需要关注和解决的重大理论问题，是本书的问题意识之所在。

国家治理现代化意味着建构政府、市场与社会三者之间的协同共治关系，实际上是一种以治理为重心的治道变革。根据全球治理委员会的界定，治理是各种公共的或私人的个人和机构管理其共同事务的诸多方式的总和。① 因而，推进国家治理体系现代化，就需要梳理多元的治理主体，并据此建立健全主体间良性互动的基本制度安排，以优化善治结构推进协同治理进程。换言之，建立在多元治理主体之上的善治结构是治理体系和治理能力现代化的重要基础。

建构基层善治结构，推进基层治理现代化，是广东基层治理实践创新的主要目标，旨在解决基层治理主体混乱及主体间多重紧张关系的问题。具体而言，目前基层公共事务领域主要存在着承担不同权能的五大治理主体：一是掌握基层治理领导权的基层党组织，二是掌握基层公共事务行政管理权的基层政府②，三是享有管理公共事务和公益事业自治权的村（居）自治组织，四是享有独立管理村（居）集体经济事务经济权的集体经济组织，五是享有选举权、决策权、管理权及监督权等参与权的村（居）民。从理想状态的政府、市场与社会互动的关系来看，这些治理主体及其权能各自归属不同的领域，即基层党组织的领导权与基层政府的行政权归属政府领域，集体经济组织的经济权归属市场领域，村（居）自治组织的自治权以及村（居）民的参与权则归属社会领域。但是，由于受到历史与现实条件的影响，五大治理主体在界分和互动时常出现模糊和混乱，五大权能的运行则呈现多重紧张关系，如"领导权、行政权与自治权的紧张，经济权与自治权的紧张，自治权内部纵横结构

---

① 参见全球治理委员会《我们的全球伙伴关系》，牛津大学出版社1995年版，第23页。

② 在城市，该治理主体指街道办事处，是市辖区、不设区的人民政府按照工作需要设立的派出机关。

的紧张以及村民参与权的内在紧张",导致"五权"结构的严重失衡。① 因此,为寻求"五权"结构的动态平衡,广东的改革者着眼于打造基层善治结构,积极探索基层治理创新,形成了不少颇具特色的创新案例。

虽然这些多点开花的创新案例散见于广东各个地区,但若把这些案例的典型经验拼接、整合起来,就将得到一幅涵盖巩固党组织领导权、优化基层政府行政权、重塑集体产权、规范群众自治组织的权力以及落实村民参与权五大逻辑主线的基层治理创新画卷,可完整呈现迈向"五权"结构平衡的广东路径。

第一,巩固党的领导权。党的十八届三中全会要求"创新基层党建工作,健全党的基层组织体系,充分发挥基层党组织的战斗堡垒作用,引导广大党员积极投身改革事业"。为此,针对基层党组织建设和管理方式滞后、党群关系疏离以及基层党组织与自治组织矛盾凸显的现实背景,广东基层改革者积极探索基层党建创新,通过优化设置方式、提升干部素质、完善党员管理机制等方式完善自身建设,提升基层党组织的领导能力,强化基层党组织的领导核心地位;透过提升群众路线的制度化水平,着力化解党群关系紧张的问题,保持同人民群众的密切联系;通过推进落实包括选举、决策、管理和监督在内的人民民主权利,破解基层"两委"② 矛盾。

第二,优化基层政府行政权。广东的基层政府具有强烈的问题意识,面对基层治权体系与行政事务管理不匹配、基层管制机制与社会利益协调需求不匹配、基层服务供给与群众民生需求不匹配的管理现实,积极开展治理适应性改革,优化行政权。具体而言,基层改革者通过推动行政事务管理建制化、基层社会管理网格化、基

---

① 参见肖滨、方木欢《寻求村民自治中的"三元统一"——基于广东省村民自治新形式的分析》,载《政治学研究》2016 年第 3 期。

② 本书中的"两委"是指党支部委员会与村(居)民委员会。

层群众自治平台化以及新兴社会组织协力化，革新了治权体系，有利于激活多元参与；通过健全风险排查机制、利益协调机制和危机稳控机制，提升了基层治理能力，有利于保障公共秩序；通过扩大基本公共服务覆盖面、强化服务需求挖掘科学性以及拓展公共服务供给渠道，提升了基层政府的公共服务水平。

第三，重塑集体产权。广东农村面临着集体经济保值增值与管好用活的双重压力、土地"谁来种"和"怎么种好"的双重难题以及集体资产被贪污挪用和管理不善的双重风险，为此，基层改革者积极探索集体所有制经济的有效实现形式，力图通过农村产权改革来重构乡村治理创新的经济基础。具体而言，集体经济组织产权改革通过"界定资格"来解决"谁来治理"和"谁受益"的问题，农村土地产权改革通过"对接市场"来回应"资源配置"与"资源获取"的问题，集体资产监管改革通过"优化监管"来处理"风险防控"和"实时预警"的问题，它们分别在结构、能力和监督三个层面为乡村治理创新创造了有利条件。

第四，规范群众自治组织的权力。农村群众自治组织间的相互关系构成了自治权内部的纵横权力结构，随着村民自治的不断深入推进，其在横向上面临着村民（代表）会议、村民委员会（简称"村委会"，另居民委员会简称"居委会"）与村务监督委员会三者之间的矛盾，在纵向上则需要解决村民委员会与村民小组之间的紧张关系。为此，广东基层改革者围绕着规范群众自治组织的权力，通过创新"三元制衡""三权分设"等典型经验，在村民（代表）会议、村民委员会与村务监督委员会三者之间划清权力界限，解决权力的组织归属问题，为民主决策、民主管理、民主监督的开展提供了重要条件；通过探索"多层共治""上下联治"以及"自治重心下移"等实践形式，不仅明晰了村民委员会与村民小组之间的权力边界，更为"微自治"组织发挥作用创造了空间。

第五，落实村民参与权。以选举权、决策权、管理权和监督权为主要要素的参与权贯穿于基层群众自治制度运行的各个环节和阶段，对于实现基层民主治理的目标具有重要意义。然而，在复杂的现实情况下，村民的参与权却遭遇了民主选举权不够规范、民主决策权虚化、民主管理权相对滞后、民主监督权难以落实以及"四个民主"发展不同步等困境。不仅如此，基层自治资金不足、人才匮乏、技术落后等短板也进一步增加了参与权实现的难度。为此，广东基层改革者积极创新村民参与权的有效实现形式，通过规范选举以保证村民的选举权、引入协商以发挥村民的决策权、强化管理以保障村民的管理权、推动监督以强化村民的监督权，为实现"四个民主"的全面同步发展提供了契机。与此同时，通过广泛吸收资金为自治"输血供液"、供给人才以推动自治运转以及更新技术并调动公众参与，为落实村民参与权奠定了坚实的基础。

  基层是国家治理体系的神经末梢。立足于广东基层治理的创新实践，本书建构了"五权"结构平衡理论框架，清晰地呈现了基层治理创新脉络及其背后的改革逻辑，增强了对广东基层治理现代化的理性认知，助力国家治理现代化。作为先行者和创新者，广东探索基层治理创新的脚步从未停下，迈向"五权"结构平衡的广东路径在实践中依然面临新问题、新挑战，我们将继续观察和思考。

第一章

巩固党的领导权

在国家治理结构和治理体系中，基层治理具有基础性地位和功能。它既是社会整体性转型发展的基础，也是发展路径的一个重要切入点。作为一个幅员辽阔、人口众多的超大型国家，其政治的基础在基层。国家政策在很大程度上有赖于基层的贯彻落实，而经济社会发展转型过程中面临的问题与挑战也最为集中地反映在基层城市和乡村。因此，如何推进基层治理现代化是国家治理体系现代化的基础性问题。而在推动基层治理现代化的进程中，如何将基层民主建设、中国共产党的基层组织建设与基层治理现代化有效结合起来，从而调动基层组织和党员、群众深化改革的积极性与创造性，则是问题的关键。

作为一个拥有420多万个基层组织、8700多万名党员的大党,中国共产党集中了数量众多的先进分子和各方面的优秀人才,具备强大的组织动员能力以及联系群众的优势。如果能将这些组织动员能力和联系群众的优势合理运用到推进基层治理现代化的进程之中,必将叠加出不可估量的制度创新活力。然而,遗憾的是,经济社会结构的急剧变迁在给国家治理体系和治理结构带来巨大挑战的同时,也深刻地影响着中国共产党基层党组织建设的经济社会环境,导致各地基层党组织普遍面临诸多新的问题或挑战,极大地制约着其战斗堡垒作用的发挥。为此,党的十八届三中全会专门指出,要"创新基层党建工作,健全党的基层组织体系,充分发挥基层党组织的战斗堡垒作用,引导广大党员积极投身改革事业"。

一、现实背景与逻辑进路

(一) 现实背景

作为中国共产党全部工作和战斗力的基础以及落实其路线方针政策和各项工作任务的战斗堡垒,基层党组织以卓越的组织和动员能力,在革命和战争年代,为中国共产党提供了政治、经济以及社会资源支撑,最终帮助其建立了中华人民共和国。新中国成立后,同样是依托于其相对健全的基层组织体系的有效运作,中国共产党快速完成了对农业、手工业以及资本主义工商业的社会主义改造,为国家后续的工业化建设奠定了重要基础。因此,无论是在革命年代,还是在建设时期,基层党组织都发挥着极其重要的作用。然而,改革开放后,尤其是1990年《中华人民共和国城市居民委员会组织法》(简称《城市居民委员会组织法》)和1998年《中华人民共和国村民委员会组织法》(简称《村民委员会组织法》)相继实施以来,随着村庄和城镇社区经济社会结构和制度环境的急剧变迁,基层党组织在自身建设、党群关系以及党政关系等方面出现了许多新的问题与挑战。而广东省作为改革开放的桥头堡,其基层经济社会结构的转型进程开始时间较早,推进程度也较深,因此相较于其他地区,更早也更为深刻地感受到了党的领导权在基层面临的问题和挑战,以及这些问题和挑战给基层治理带来的矛盾与困难。

1. 组织建设和管理方式滞后于急剧转型的经济社会结构

第一,单一而封闭的以行政村为依托的行政化组织设置方式难以适应转型后农村多元、开放的经济社会发展形势。随着市场化、工业化的不断推进,农村经济的多元化格局日渐明显,不仅在产业结构上将农业内部的林、牧、副、渔等逐步从传统农业中分离出来自成系统,形成了各种专业部门或新经济组织,还在经营方式上出现了基地、大户、联合体、股份制企业、股份合作制企业以及个体私营企业等不同类型的经济实体。这给传统的组织设置方式带来了两方面挑战。一方面,行政村内部许多实体经济组织已经具备了建立党支部的条件,但如果依照规定成立党支部,就不得不面对如何理顺行政村党支部与行政村所属经济组织内部党支部的领导关系问题,以及行政村党支部的升格问题。另一方面,在农村各种类型经济、社会组织大量涌现的背景下,仍以传统的统一模式在行政村设立党支部,使得这些组织中党组织的设置以及管理出现许多"空白点",给党的组织和工作在基层的有效覆盖带来极大挑战。例如,中共清远市委书记葛长伟在带队调研的过程中就发现,清远行政村面积过大、下辖村小组众多,给党员的教育管理等党支部组织生活带来了极大困难,也导致村级党支部组织群众、联系群众的能力弱化。以阳山梨埠镇扶村为例。该村面积达44平方公里,拥有8000多人口,下辖77个村民小组,村民从最远的村小组走到村委会需要2个多小时。过大的管辖面积以及村小组距离村委会过远,使得建立在行政村的党支部很难有效地贴近群众、开展有效的组织和联系工作。

第二,党员、干部素质难以满足农村经济社会发展的要求。随着现代化进程的加快,农村的经济生产方式、社会生活方式以及农民的矛盾利益关系日益多样和复杂。这对基层干部管理经济社会事务、调节社会矛盾的能力与素质提出了更高的要求。然而,由于原有干部选拔任用机制的不足以及大量优秀人才流入城市工作、生活,当前许多农村基层干部工作能力平平,思想保守陈旧,缺少发展和驾驭农村工业和第三产业的能力。他们对于如何适应市场经济对农村发展的要求,帮助农村发展生产、调整农业产业结构、推进农业产业化没有思路,在如何有效地为农民提供市场、资金、技术、信息的服务方面显得力不从心,既跟不上时代快速发展的步伐,也没有应急处理突发性事件和重大社会矛盾的能力。

如汕头市潮阳区在开展"建设一支带头抓党建、带头服务群众的村级书记队伍"项目之前的调研摸查过程中就发现,该区不少村级党组织班子不强以及成员素质不高、作风不实,尤其是书记队伍化解矛盾和服务群众的能力弱、带头作用不明显,致使一些基层矛盾化解不及时,动辄发生群众集体上访。区、镇两级领导经常忙于接访、维持社会稳定(简称"维稳")、平息事态,抓社会建设和社会管理等方面的工作的时间、精力和效果大打折扣。除此之外,该区"两委"干部违法违纪现象也比较严重,仅2012年受到处分的"两委"干部就达到了54人,其中还包括25名村党支部书记。

第三,党员干部队伍得不到有效的教育管理。市场经济体制的确立和产业结构调整力度的加大,使得农村劳动力在产业间转移和地区间流动日益频繁,离土离乡、经商务工的劳动力日益增多。农村党员从业的流动性、多样性、分散性的趋势日渐凸显,给党员教育管理工作带来了相当大的难度,甚至导致了一些党员游离于党组织之外。即便有一些基层党组织坚持开展党员管理和教育工作,但方式和内容陈旧,很难适应现实社会发展。很多村级党组织仍然延续着传统的"三会一课"模式,照本宣科,满足于对政治理论、政策方针的学习宣传,缺少有针对性地结合上级部署研究本地实际情况,尤其缺少对新形势下农村基层党组织出现的党建新问题的分析研究。教育培训内容和方式的单调、枯燥,直接影响了党员干部素质的提高与先锋模范作用的发挥。

广东省在这方面遇到的问题尤为明显。一方面,是粤东、粤西、粤北地区大量党员常年流动到珠江三角洲(简称"珠三角")地区务工谋生,使得当地党支部在试图开展活动时找不到党员的情况普遍发生;另一方面,则是大量流动到珠三角地区的党员在既有的属地管理的原则下,想要参加组织生活却又找不到组织等问题日益凸显。

2. 党群关系疏离,农村党组织存在脱离群众和被"边缘化"的风险

密切联系群众,保持与人民群众的血肉联系,是中国共产党的优良传统和政治优势,而在联系和服务群众的进程中,基层党组织发挥着极其重要的战斗堡垒作用。然而,随着改革开放后农村经济体制、社会结构以及利益格局的深刻变革,农村党组织在农民中的凝聚力和影响力下降,党群关系日渐"疏离",甚至出现某种程度的紧张与对立。

这样的紧张与对立在"乌坎事件"的发生和演进过程中表现得尤为明显。乌坎村本是毗邻乌坎港,富甲一方且有"汕尾第一村"之称的边陲渔村,曾先后两次被授予"全国先进基层党组织"光荣称号,并被评为"全国文明村镇建设先进单位",却于2011年9月发生了400多名村民因土地、财务、选举等问题对村干部不满而到陆丰市政府上访之事。这原本只是一个合理的反映诉求和正当的利益表达活动,却因当地干部对群众利益的漠视和有关部门的处置不当,导致一些村民发生打砸行为,进而使得矛盾陡然升级。部分村民被拘捕,其中1人于在押期间突然死亡,最终形成了村民设置路障,阻止当地公安干警进入,而当地公安部门则封锁该村,双方陷入对峙状态的局面。整个事件的发生和发展,就是一个在党群、干群关系已经产生裂缝的情况下,因当地党委、政府对于矛盾的处置

不当而逐渐引起冲突并激化的过程。而透过类似事件所折射的恰恰是广东省近年来党群关系的疏离、紧张，部分地区甚至存在对立的严峻形势。造成广东省内党群关系存在疏离、紧张甚至对立的经济、社会结构的原因，主要在于三个方面。

第一，家庭联产承包责任制的全面实施，一方面使得农民在经济上获得了前所未有的自主性和独立性，思想观念和利益实现路径日趋多元化，与基层党组织在计划经济时代形成的组织依附关系逐渐演化成一种游离关系；另一方面导致了集体经济的弱化甚至断层，农村党支部对资源的全能性控制和分配权力逐渐丧失，既难以维持与分散家庭之间的经济链条，又失去了联系群众的主要物质基础，很难从物质条件上为村民提供生产、生活服务，群众工作的开展举步维艰。[①]

第二，农村村民自治的实行让农民能够以民主选举方式选出代表自己利益的村委会组织及其组成人员，并通过建立村民会议制度、村民代表议事制度和村务监督委员会等组织和制度，在村务活动中行使民主决策、民主管理、民主监督等权力，推动了农村由党组织"一元化"领导向党领导下的村民自治管理的转变。不过，随着村民委员会在农村生产生活中管理职能的不断扩张，农民的政治生活和社会生活日益脱离党组织的权域，农村基层党组织与农民之间的政治关系日渐淡化，凝聚力和影响力也逐渐弱化。[②]

第三，改革开放前，党国同构的政治体制和计划经济体制使基层党组织长期扮演着农村行政管理主体的角色，全面领导农村的生产、行政和社会管理工作，行政化和全能化特征明显，习惯于运用强制命令、直接指挥等行政化的领导方式。基层干部也形成了与计

---

① 参见冯耀明《新形势下村级党组织面临的挑战与对策选择》，载《中共山西省委党校学报》2007 年第 3 期。
② 参见唐晓清《农村基层党群关系问题的思考及对策》，载《中国特色社会主义研究》2013 年第 3 期。

划经济管理模式有着内在一致性的思维和行动逻辑：以完成任务为目标，以简单服从上级为取向，以行政命令为执行手段。然而，改革开放后，农民社会化服务需求呈现多元化，民主参政意识越发强烈，利益诉求日益复杂，使行政化的领导方式难以适应农民实际需求的变化，并导致农村党组织作用的弱化和边缘化，甚至会将自身置于社会矛盾的焦点，激发群众的反抗，①加剧党群关系的紧张与对立，极大地侵蚀着党在农村的执政基础。

3. 与基层自治组织矛盾凸显，抑制农村党组织领导核心作用的发挥

随着村民自治制度的推进，尤其是《村民委员会组织法》正式颁布以来，党支部和村民委员会这两个农村最主要的政治组织之间的矛盾日益凸显。从形式上看，具体呈现出三种主要形态，而这三种形式的紧张与矛盾在广东省内都有典型的案例和突出的表现。

第一，村"两委"对立。村党支部和村民委员会之间要么围绕持印、财务、决策以及人事等职权发生激烈争夺、互不相让，出现各自为政的局面；要么相互推诿，村党支部组织生活涣散，不能发挥其应有的领导、示范和带动作用，而村委会也缺乏政治责任，推卸自身肩负的管理和服务职责，致使村里的事该管的没人管、该办的没人办，村级组织陷入瘫痪。②1999年换届选举后的广州市白云区红星村就是这种情形的典型代表。换届后，该村党支部和村委会围绕村集体经济管理权和村级公共事务管理权展开了针锋相对的斗争。村党支部书记拒不向村委会交出村的公章与账本，也不把属于村级行政管理事务的村治安队、环卫队的管理权移交给村委会。村

---

① 参见吴梅芳《农村基层党组织作用发挥状况的调查与思考》，载《理论探索》2013年第3期。

② 参见李宏昌《村民自治条件下农村基层党组织建设面临的课题与挑战》，载《农村经济》2009年第9期。

委会在依法争权失败以后，宣布村党支部书记掌管的公章、账本以及经济往来账号作废；村委会也不给服从村党支部书记指挥的治安队和环卫队发工资，而是另行雕刻公章，建立财务账号，组建一支服从自己指挥的治安队和环卫队。村党支部书记认为，村民委员会主任（简称"村主任"）作为共产党员，无视党的领导和组织纪律，召开村党支部大会，宣布开除他的党籍。在红星村"两委"斗争中，镇党委一开始在态度上存在偏颇，片面维护村党支部一方，导致红星村问题难以及时得到公正的解决，村委会带领村民不断上访告状，甚至到法院起诉打官司。由于"两委"的矛盾，在改革开放中崛起的原本非常富裕的红星村变成一盘散沙，显得混乱不堪。

第二，村党支部包办村务，村委会"自治虚化"，村党支部领导权异化。由于长期掌握村中的绝大部分权力，加上推行村民自治后，部分党支部书记将《村民委员会组织法》中规定的"中国共产党在农村的基层组织，按照中国共产党章程进行工作，发挥领导核心作用"错误地理解为村庄的一切事务都由党支部说了算。许多村党支部的优势地位得以延续，村党支部过度干预，甚至代替村委会工作，客观上将村委会变成了村党支部的辅助组织，同时也导致村委会成员对村党支部怨声载道，矛盾丛生。如增城市（2014年2月12日，国务院同意撤市设区，即增城区）石滩镇的岗贝村，在1999年的换届选举后，新当选的村主任因为无法掌握法律规定的权力，对村党支部书记意见很大，不断组织群众集体联名上访。在广州市白云区石井镇的望岗村、环窖村、龙塘村等几个村和番禺区石楼镇的大岭村、沙湾镇某村也存在类似的情况。广东省东莞市的某个村庄在1999年实行村委会直选以后，由于该村党支部书记未能当选村主任，竟然组织村党支部原班人马对当选的村主任、副主任三次进行围殴，用暴力抢走了村委会的公章。

第三，村委会"过度自治"，村党支部领导权弱化。村民自治组织及其成员在村庄事务中异常强势，擅自做出超出法律或自治权力范围的决定，或者无正当理由拒不接受乡镇党委政府布置的国家各项任务。例如，潮州市霞村1999年进行了村委会直选，由于该村陈姓家族人多势众，该家族的一位成员当选为村主任；而该村党支部书记则是由一位在该村属于小姓的李某担任。在村务管理上，村主任受到本宗族内部的头面人物的挑唆，不听取村党支部的意见，经常无中生有、聚众滋事，甚至还对党支部成员在选举之前处分陈氏家族违反计划生育的行为进行报复泄愤。在村党支部召开会议时，陈姓家族成员以"监督党支部""政务公开""民主监督"等冠冕堂皇的名义包围会场、大声起哄、辱骂村党支部书记，甚至公开宣称要把村党支部赶出该村。同样的情况也曾发生在增城市的下围村。在新当选的村委会成员的入党申请被村党支部拒绝之后，村委会竟然通过对村党支部办公室断水断电、停拨工作经费的方式拒绝承认村党支部的领导。

造成村党支部与村委会关系难以协调的原因，除了研究者们经常提及的《村民委员会组织法》中对二者的职责权限和工作范围规定模糊这一客观因素外，基层党组织在村民自治背景下功能和角色定位的调整以及领导方式转型的滞后同样不可忽视。而无论是哪种形势的紧张和矛盾，无疑都会影响基层党组织在农村领导核心作用的有效发挥。

（二）逻辑进路

党组织在基层的建设与活动中面临的上述问题与挑战所呈现的实际上是在改革开放后经济社会结构急剧变迁的形势下，政党政治在当代中国基层社会所面临的困局。作为现代国家的普遍政治形式，政党政治是政党、国家和社会三大主体力量相互作用构成的政治体系、政治运作方式和政治过程。而从本质上来说，作为一种

"执行表达功能的表达工具"①的政党则是这一政治运作方式得以正常运转的齿轮,在国家与社会的互动过程中扮演着不可或缺的桥梁和中介角色。它的一端连着民众,只有得到相当一部分民众的支持和认同,才能生存和发展;另一端则连着国家,只有掌握公共权力,或影响政府体系的运作,才有存在的价值。②就此而言,任何现代国家政治生活的有效运转都要求其执政党在强化与民众间的沟通与联系的同时,着力于理顺党政关系,而且两个目标的实现又要以健全自身组织建设和管理机制为基础(如图1-1所示)。这对于中国基层的政治实践而言也不例外,略有不同的是,竞争性政党制度下,政党与民众间联系的建立和维持依托的是周期性的竞选活动,而长期处于执政地位的中国共产党则通过坚持群众路线以保持与群众的密切联系。此外,在实行了村民自治制度的当代中国农村,村民委员会不是一级政府,也非行政机关,因此"两委"关系从逻辑上说"体现的是一种特殊类型的党政关系"③。不过,正如杨光斌所指出的,在领导的实现形式上,党的组织存在于广泛的政治生活中。因此,在中国,很多政治关系和重要政治现象都在一定程度上包含着"党政关系"的内容。即使那些不直接关系到"党"或"政"的政治活动,最后也会或多或少地反映出"党政关系"的内容来。④

---

① (意)萨托利:《政党与政党体制》,王明进译,商务印书馆2006年版,第57页。
② 参见王红光《政党、国家与社会:现代政治基本架构的分析》,载《社会主义研究》2006年第1期。
③ 景跃进:《党、国家与社会:三者维度的关系——从基层实践看中国政治的特点》,载《华中师范大学学报(人文社科版)》2005年第2期。
④ 参见杨光斌《中国政府与政治导论》,中国人民大学出版社2003年版。

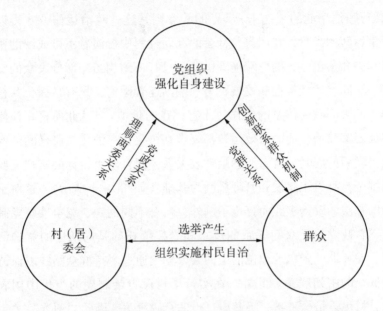

图1-1 基层政治实践中党组织、自治组织与群众三维关系

由此观之，我国农村以党组织为核心的基层政党政治的运作，在经济社会结构已经急剧转型且持续变迁的背景下，正面临着从党组织自身的建设到党群关系、党政关系建设的全方位挑战。这也意味着，党对农村基层政治运行体制机制的改革与完善，必须在协调理顺基层党组织与村民自治组织关系的同时，建立健全基层党组织密切联系群众的长效机制；而这两个目标的实现，又必须以基层党组织自身建设方式的改革与创新为前提和基础。这也构成了我们梳理和总结广东省创新基层党建，巩固党在基层"执政基础"实践经验的理论框架和逻辑进路。基于这一脉络，依据所面临问题的不同，通过分类梳理，我们汇总形成了一个较为明晰的案例矩阵表。(见表1-1)

表1-1 巩固党权典型案例

面临问题	自身建设滞后			党群关系紧张	"两委"矛盾
应对措施	优化设置方式	提升干部素质	完善党员管理机制	完善联系群众机制	理顺"两委"关系
典型案例	1. 推进基层党组织设置重心下移 2. 推动村级基层党组织设置的优化升级 3. 扩大基层党组织覆盖面	1. 加强村级党支部书记队伍建设 2. 选派优秀年轻干部到后进村任"第一书记" 3. "大学生村干部"工程	1. 失联党员归队工程 2. 人籍分离党员教育管理服务新模式 3. 加强农村党员队伍建设"三个一千"行动计划	1. 党代会常任制 2. 党代表工作室制度 3. 乡镇（街道）领导干部驻点普遍直接联系群众制度	1. 扩大"一肩挑"与"交叉任职"比例 2. 村民代表议事制度
代表地区	清远、东莞、佛山	潮阳、揭阳、佛山	湛江、潮州枫溪、肇庆	深圳盐田、东莞、佛山南海	增城下围村

二、完善自身组织建设

广东省作为改革开放的先行地区，经济社会结构转型的发端较早，推进较快，这也决定了广东相对于国内其他地区，较早且更为深刻地感受到了经济社会结构变迁给中国共产党在基层的组织建设、治理结构以及治理能力等方面带来的挑战。任何改革实际上都是由问题倒逼而来的，面对挑战，广东省各地尤其是经济较为发达的珠三角地区，率先开启了治理体系和治理结构层面的创新实践，而探索创新基层党建工作、健全党的基层组织体系、提升党的基层组织能力，更是其中极为重要的内容。从内容上看，各地主要从优化基层组织设置方式、提升基层干部素质以及完善党员队伍教育管理机制三方面着手，完善基层党组织的自身建设。

（一）优化组织设置方式

从实践和探索的总体情况来看，广东省各地对于基层党组织设置方式的优化主要沿基层党组织设置重心下移、村级基层党组织设置的优化升格以及扩大基层党组织覆盖面等路径展开。

1. 基层党组织设置重心下移

为解决村党支部建在村委会、与群众的联系不够紧密，甚至"漂浮在半空中"，导致村级基层组织自治能力薄弱甚至组织涣散等问题，许多地方开始探索将基层党组织的设置重心下移到自然村或村小组，清远市和佛山市是进行这种尝试的典型地区。2012年，中共清远市委、市政府下发了《中共清远市委、清远市人民政府关于完善村级基层组织建设推进农村综合改革的意见（试行）》，作为推进农村综合改革的纲领性文件。该意见要求乡镇党委应在下辖片区设立党政公共服务站的同时建立片区党总支，并在片区下辖的村（原村民小组或自然村）建立村党支部，同时扩大党组织覆盖面，在具备条件的村办企业、农民专业合作社、专业协会等经济组织内建立党支部。清远市最终通过将党组织重心下移、村民自治下移、转变生产经营模式作为农村综合改革的三个相辅相成、互相依存的支撑点，破解村级组织自治能力低下、农民组织化水平低、生产经营模式得不到转变所导致的生产效率低下、农村人口大量外出、农村发展陷入恶性循环的困境。

与清远市相似,佛山市近年来也大力推行"支部建在村民小组上"。针对村民小组和集体经济组织掌握大量土地资源、物业资源,以及经济总量较大的情况,佛山市积极推进"支部建在村民小组上""支部建在经(联)济社上",突破传统的"地域建党""单位建党"的单一设置模式,将党组织神经末梢延伸至最基层,加强党对集体经济组织的领导和监督。另外,大力推行党组织分类设置。针对农村党员群体构成日益多样化、组织活动难、学习教育难的问题,根据党员的居住地域、职业状况、年龄文化结构等不同特点,相应地建立党支部。比如,针对从高校毕业返乡的青年党员数量越来越多的情况,在农村设立青年党员党支部,解决返乡青年党员组织管理的难题;针对部分村(居)老龄党员数量多的情况,专门设立老年党员党支部。

2. 村级党组织设置的优化升格

与基层党支部"悬浮"于群众之上的问题并存的是,在管理的党员数量日益增多、党员流动性增强、应对的问题也越发复杂的情形下,仅仅以村党支部形式存在的村(居)级党组织存在着明显的"小马拉大车"问题,亟须给予适当的优化升格。总体来看,各地升格村(居)级党组织的方式大致有两种:一种是在村(居)建设党的工作委员会(简称"党工委"),作为镇(街道)党委的派出机构;另一种是在村(居)成立党总支或党委。东莞市是采取前一种做法的典型地区,而佛山市则采取了后一种方式。

为加强对党员的教育管理,构建区域化大党建工作格局,规范基层组织运作,增创基层组织体制机制新优势,以强化党组织领导核心地位,中共东莞市委于2013年9月印发了《关于推进村、社区党组织设置改革的指导意见》,在莞城、虎门、石碣、厚街、黄江、樟木头、桥头7个试点镇（街道），探索建立村（居）党工委。作为镇（街道）党委的派出机构，村（居）党工委是党在村（居）全部工作的战斗力的基础，在所驻区域的村（居）民自治组织、各类经济组织和社会组织中发挥领导核心作用，负责所驻区域的党组织和党员（含流动党员）的管理、指导与服务，指导村（居）民小组、商住小区、工业园和各类经济组织、社会组织等建立党组织，根据党员人数建立党委、党总支、党支部。村（居）党工委成员由镇（街道）党委委任，不需要选举。村（居）党工委直接领导和管理下属党组织，对下属党组织的成立和撤销、职数的设置进行规划、审核；负责下属党组织班子成员的培养、考察、配备、任免、选举、教育、管理、服务和监督工作。

佛山市则针对农村党员队伍规模日益增多、党员流动性增强、从业结构多样化等新情况，着力推动党组织设置优化升格，扩大党组织覆盖面，构建适应农村城镇化、市场化、工业化发展需要的基层组织体系。如推动有50名以上党员的行政村设立党总支，推动有100名以上党员、条件成熟的村建立党委，力促村级党组织全面升格。

3. 扩大基层党组织覆盖面

在优化升级传统基层党组织的同时，随着改革开放后新型经济组织和社会组织的大量出现，扩大党在这些领域的覆盖面也成为重要任务。不过，不同于在传统领域组织党建的驾轻就熟，许多地方对于如何加强"两新"组织（新经济组织和新社会组织）党建，并无太多经验。为此，许多地方加大了对这方面的技术投入和培训力度，如顺德区在这一进程中就形成了较具代表性的做法和经验。

早在2012年7月，顺德区"两新"组织党工委就研发并启用了"两新"组织党务信息平台。通过该平台，一是能够随时将中央、省、市的有关"两新"组织党建的最新精神迅速传递到各管理单位以及基层各"两新"组织中,而"两新"组织也可将自身党建工作经验、相关意见和建议向上级党组织及时反馈,打通了各级党组织与顺德区"两新"组织之间的信息通道;二是可以减轻基层单位的工作负担,通过使用党务信息系统,各级"两新"组织的管理单位能迅速联系到下属"两新"组织负责人,将相关工作任务及时布置到位,切实提高区机关单位、各镇(街道)及各村(居)在"两新"党建中的工作效率;三是可以更加及时、便利地统计汇总相关党务数据,党务信息平台一改以往人工统计既耗时又费力的状况,现在只需轻轻点击按钮,系统便会自动对各级党组织和党员的数据进行汇总,各种文件资料也能快速地显示出来,能够为各级"两新"党工委有针对性地出台相关政策和加强日常管理工作提供数据的支撑和切实的便利。目前,顺德区大部分"两新"组织都已经安装了这一信息平台。同时,为了让全区各有关单位更快掌握党务信息平台的基本业务操作,顺德区"两新"组织党工委还举办了专题培训班,全区已经有包括251名"两新"组织信息管理员以及镇(街道)、村(居)、区机关有关单位人员在内的共500多人参加了培训。

在打造硬件平台的同时,顺德区更重视"两新"组织软实力的提升。2014年7月,顺德区成立并启动了全省首个"两新"组织党建孵化园。首先,在运行机制上,孵化园通过充分发挥各镇(街道)"两新"组织党工委以及"两新"组织党务工作人员的作用,打造了一支工作能力强的孵化队伍。由这支队伍为区内处于初创期的"两新"组织提供前期孵化、能力建设、发展指导等关键性支持。其次,在孵化园开展创新性党组织活动。例如,通过建立党员志愿者队伍,搭建党员参与社会公益活动的平台,带动党员发挥先锋作用,增强党在基层的影响力和凝聚力。再次,依托孵化园,对全区成立两年以上的"两新"组织开展等级评定工作,并定期对新符合条件的"两新"组织开展评估。最后,期望在孵化园内打造一个集党组织、党员和党务工作人才孵化,"两新"组织党建工作成果展示和党组织评级等功能于一体的孵化平台,实现区域内"两新"组织和工作的全覆盖。

(二) 提升基层干部素质

随着改革开放的不断深入,"农村经济结构发生变化,使得基层党组织自身活动以及组织农民开展各种必要的集体性质的农村公益活动所需资金来源产生新的困难。筹措资金来改善农村基础设施,建设农村精神文明,解决农村困难群体帮扶及开展各种必要的公益性集体活动,成为农村基层党组织的一项重要任务。能不能筹措到资金、资源来解决这方面的问题,直接关系到农村基层党组织的凝聚力和影响力"[①]。农村基层党组织的功能转换和任务变化对基层干部的能力提出了更高的要求。然而,现实的情况却是随着人口在城乡之间的快速流动,大量有知识、有能力的农村中青年开始到城市谋生立业,导致许多村干部素质难以满足推动农村经济社会发展的需要。因此,如何提高农村干部的综合素质已经成为基层党组织紧迫而重要的任务。面对这一问题和任务,广东各地主要采取强化村级党支部书记队伍建设、选派优秀年轻干部进驻后进村庄任"第一书记"以及积极推进落实"大学生村干部"工程等措施,提升农村干部队伍的素质。

1. 选派优秀年轻干部到后进村任"第一书记"

针对一些村庄一时难以找到适合担当书记的人员的问题,不少地方尝试选派年轻优秀干部进村任"第一书记"的做法,其中揭阳市的经验尤具代表性。自 2012 年以来,中共揭阳市委先后三批从

---

① 戴焰军:《农村基层党建面临六大挑战》,载《人民日报》2013 年 3 月 26 日。

市、县、镇三级机关选派1061名村"第一书记",全脱产驻扎在基层第一线,努力推进基层组织建设。为保障项目的顺利落实,揭阳市主要采取了四方面举措。

第一,高层推动,在有序推进上聚合力。一是强化领导。建立以中共揭阳市委统一领导、市委组织部统一管理协调、县(市、区)协助管理、乡镇(街道)党工委抓落实、派出单位共同参与的工作机制。二是整合资源。把村"第一书记"选派工作与大学生村干部、扶贫"双到"、帮扶整顿问题村工作结合起来,以村"第一书记"选派活动作为一个架构联动扶贫"双到"、帮扶整顿问题村等各项工作的部署落实。三是多方推动。充分整合各级群团部门和经济职能部门力量,依托村"第一书记"选派活动使经济发展、社会管理、维稳信访和民生工程等各职能部门的优势在基层"落地",形成多方联动、纵向贯通的工作格局。

第二,科学定位,在目标指向上动真格。中共揭阳市委从内外两个维度定位选派村"第一书记"的实践活动,明确提出了选派目标要求。按照"有设计、可持续、重实效"的原则,高要求定位,明确活动主体和工作职责。要求选派对象必须是政治素质高、大专文化以上、工作能力强的优秀年轻干部。如市直选派的150人中,本科以上学历的人员有114人,占76%;35岁左右的人员有112人,占74%。规定村"第一书记"为市委派驻村工作"特派员",在基层履行"五员"职责,即落实政策监督员、富民强村指导员、农村纠纷调解员、为民办事服务员和政策法规宣传员,切实起到指引方向、把握情况、沟通信息、凝聚民心、推动发展和总结经验的作用。

第三,落地发力,在服务群众上零距离。村"第一书记"坚持一线工作方法,零距离服务群众。一是服务群众在一线体现。所有村"第一书记"把姓名、联系电话等全部公开,确保"全天候"联系群众,"全方位"服务群众。二是民情民意在一线掌握。坚持一户一走访，深入了解村情民意，做到"三知三入"，即知百家门、知百家事、知百家情，村情入脑、思路入门、工作入位。三是党建水平在一线提升。健全班子，完善制度，提高党员干部素质，全面提升农村基层党建水平。

第四，注重激励，在管理考核上强保障。明确规定选派干部到村任职保持"两个不变"，即在村任职期间干部身份和编制性质不变，在机关原工作岗位的待遇不变，实行"双重待遇"①。

2. 落实"大学生村干部"工程，打造高素质的农村基层干部队伍

作为改革开放的先行区，佛山市在统筹城乡发展、农村社会管理、村集体资产保值升值、改革发展等工作中，较早地面临农村基层人才瓶颈。为此，佛山市根据农村发展和农村基层干部队伍建设的需要，开始探索选聘高校毕业生到村任职，积极实施"大学生村干部"工程。

第一，坚持本土，规范选拔，引导人才回流。佛山市着眼于把选聘大学生培养成村干部，在选聘工作中坚持"本土化"，优先录用在本村土生土长、自愿回村服务的优秀大学生，以符合《村民委员会组织法》关于村干部身份是本村户籍的规定，让他们顺利参加村委会选举而进入村领导班子，为村干部队伍培养和储备人才。实行定岗定职选聘大学生，要求镇（街道）、村（居）结合当地经济社会发展的需要，设置岗位和职位要求，量身订制选聘计划，按专业、经历等进行定向定岗招聘，确保选聘大学生符合农村发展的实际需要。同时，严把"入口"关，参照公务员招录的规范程序，由

---

① 村"第一书记"任职期满，经考核，表现突出的，原则上应提拔为上一职级待遇；特别优秀的，也可以提拔为镇（街道）长（办事处主任），享受在机关原工作岗位同等经济待遇，并发放一定生活补助。同时，加强管理考核，建立年度考核制度，考核结果作为评先表彰和提拔使用的重要依据。

区统一选聘或授权镇（街道）、村（居）面向社会公开招录。

第二，注重成长，特色培养，促进选聘大学生成才。为使选聘大学生适应于基层、扎根于基层和成才于基层，积极创新培训培养方式，佛山市采取"倒挂""压重担子""异地交流""专题研讨"等方式，加大选聘大学生的培训培养力度。组织选聘大学生到镇（街道）机关"倒挂"锻炼，跟班学习3～6个月，每2个月轮岗一次，增强上下沟通和为群众办事的能力；推行"五个一"做法，即完成一份调研报告、主持一次会议、负责一项工作、参加一次集体培训、联系一批党员与群众，促使选聘大学生参与到村务领导决策和实施管理中去；有意识、有选择性地进行交叉分配、异村交流、彼此学习，进一步拓宽视野、丰富阅历；采取"案例分析""情景教学"、村党支部书记"现身说法"等形式，帮助选聘大学生成长；由中共佛山市委党校开设专题培训班，将选聘大学生的培训纳入全市干部培训规划，促进选聘大学生成才。

第三，规范管理，发挥作用，搭建干事创业平台。加强选聘大学生管理的科学化、规范化，明确选聘岗位职责，实行动态跟踪，合理制定考核体系，进行"一年一考核、三年大考核"，全面建立起市抓宏观规划、业务指导，区抓组织实施、检查督促，镇（街道）抓管理考核、服务保障，村（居）抓日常管理、传帮带的四级齐抓共管的机制。根据选聘大学生的考核结果，对考核等次优秀的予以奖励，表现特别突出的纳入村干部后备人才库管理；对考核等次不合格的加强教育引导，对经多次帮助教育和考察仍达不到要求的予以解聘。建立"四项制度"，力促选聘大学生在农村基层施展才智和发挥作用。建立担任村党支部书记或村主任助理制度，指定能人为其直接培养人，定人定岗"传帮带"；建立参加村"两委"联席会议制度，对本村重大事项的研究决策建言献策；建立参加村"两委"干部年度述职制度，接受党员与群众的评议；建立挂钩联系村民小组和党员、群众制度，更加深入群众、服务群众。

第四，拓展渠道，畅通出路，正确引导分流。佛山市积极拓展渠道和畅通出路，让有潜质的优秀选聘大学生有值得期待的前途，留得住、干得好、上得去，使选聘大学生队伍成为村干部的"蓄水池"。一是积极推荐选聘大学生参加村"两委"选举，把工作突出的选聘大学生放在村里的重要工作岗位，为其顺利参选提前做好充分准备。二是继续坚持从优秀村党支部书记中公推考录镇（街道）领导，坚持从优秀大学生村干部中公开考录镇（街道）公务员，加大区、镇（街道）机关在大学生村干部中定向招录聘员的力度。三是对聘用合约期满的、自愿留在农村的大学生，续聘为村一般工作人员；对确实不适应农村工作的大学生，积极创造条件，引导和鼓励他们发挥自身特长，自主就业与创业。

与此同时，佛山市还充分利用高等院校的教学资源，通过开设村级干部大专学历班、函授、成人高考等途径［区、镇（街道）两级对正式录取的村干部给予学杂费补贴］积极鼓励村干部努力改善知识结构和实现自我提升，以适应经济社会发展对农村基层干部素质的更高要求。

（三）完善党员队伍教育管理机制

改革开放以来，经济体制的改革以及社会流动性的增强催生了一批失去党组织管理、游离于党组织之外的零散党员，他们被称为失联党员。这些失联党员去向不明、工作不定、党费不交、思想不稳，成了党员队伍中被遗忘的群体。与此同时，随着社会结构日益多元化，大中专毕业生在就业方面呈现出多元化趋势，很大一部分到了非公企业或社会组织中工作。由于很多非公企业和社会组织没有设立党组织，相当数量的大中专毕业生党员出现了"人籍分离"的现象。"人籍分离"现象的出现产生了两个方面的问题：一是基层党组织的活动受到影响，在籍的大中专毕业生党员没能参加组织生活，使党组织的一些活动未能正常开展；二是大中专毕业生党员的组织观念受到影响，毕业生党员难以在组织的引导下履行党员义务、行使党员权利，甚至出现了部分毕业生预备党员在预备期满后转正受影响的问题。此外，留在农村中的党员的年龄老化、思想僵化、能力弱化的"三化"问题也日益凸显，导致"双带"（带头致富、带领群众共同致富）能力不足等问题，这些都给基层党员的教育和管理带来了较大困难和挑战。为此，许多地方探索开展了诸如"失联党员归队""人籍分离"党员教育管理和提升农村党员带领群众致富能力等工程，提升对基层党员队伍的教育管理水平。

1. 实施"失联党员归队工程"，全面提升流动党员队伍管理水平

为破解流动党员教育管理难题，湛江市从2013年起开展"失联党员归队工程"，着力解决失联党员"有家不能归、有家不想归"的问题。

第一，"地毯式"排查，摸清失联党员的基本去向。掌握失联党员的去向、分布、就业和联系方式等情况是实施"失联党员归队工程"的先决条件。为此，湛江市多管齐下，通过"地毯式"排查的方法，全面摸清、找准全市失联党员的基本情况。一是开展"双找"（组织找党员，党员找组织）活动。首先，中共湛江市委组织部下发《关于开展失联党员调查摸底的通知》《关于做好失联党员登记服务工作的通知》《关于在党的群众路线教育实践活动中服务基层办实事的通知》等文件，把做好寻找失联党员工作作为开展第二批党的群众路线教育实践活动的重要内容。其次，中共湛江市委组织部在《湛江日报》、碧海银沙网站、湛江电视台等媒体上发布《致全市失联党员公开信》，发动声势浩大的宣传活动，扩大社会知晓度，发动和引导广大党员、群众都参与到这项工作中来。最后，印刷各类表格下发到各县（市、区）委组织部、市国有资产

监督管理委员会（以下简称"国资委"）党委，要求全市各级党组织认真开展"双找"活动，为失联党员提供全面细致的咨询和登记服务。二是开展"三进三查"活动。各级党组织采取进关、停、并、转企业，查党组织各年份党员名册；进社区，向老支书和老党员查询部分党员去向；进派出所，查失联党员户口所在地和居住地等方式，对失联党员进行拉网式摸排，全面掌握失联党员的基本情况、失联原因、失联时间、参加组织生活情况等。

第二，"户籍化"管理，建立失联党员的信息档案。在排查摸底的基础上，对失联党员的群体结构分类登记造册。一是建立健全"六大台账"。建立健全市、县（市、区）、乡镇（街道）、村（居）四级管理台账，对失联党员的职业、年龄、学历、就业状况、居住地、联系方式等情况进行详细的登记造册。分门别类建立"关、停、并、转企业党组织台账""失联党员个人身份分类台账""失联党员就业情况台账""失联党员年龄分布表""失联党员党龄分布表""失联党员户口所在地（市区内）的分布情况汇总表"六大台账，全面掌握失联党员的动态信息。二是实行"信息化"管理。针对失联党员流动性强、联系难的特点，探索建立信息化管理数据库，建立电子信息档案，实行户籍化管理，及时更新数据库，实行实时动态管理，做到联系一个就掌握、管理一个，确保每个失联党员不离队、不掉队，永在党员队伍中。

第三，"集中式"归队，理顺失联党员的组织关系。找到失联党员后，通过分别召开基层组织部门、国资系统党组织、街道社区党组织负责人和失联党员代表座谈会，向失联党员发放调查问卷，认真分析失联党员队伍的实际情况，广泛征求相关单位和个人的意见、建议，确保每个失联党员都能找到一个"家"。一是按照"地缘"关系建立党组织。已退休或待业在家的失联党员按照党组织属地管理的原则，及时将其党组织关系转归所在社区党组织管理。对小区、楼宇内有失联党员的，如果条件成熟，则单独成立党支部；

条件不成熟的，则与小区物业公司的党组织建立联合党组织，或者直接归小区物业公司的党组织管理。二是按照"业缘"关系建立党组织。再就业的失联党员，则及时将其党组织关系转入所在的工业园区、商业街区、集贸市场、个体协会、专业合作社等"两新"组织，使其能顺利参加活动，接受管理。三是按照"趣缘"关系建立党组织。将有共同兴趣的失联党员联合起来，成立党支部。四是按照"商缘"关系建立党组织。一部分在外地创业的流动党员由于长期无法回原单位参加组织活动而逐渐与党组织失去联系，成为失联党员。对此，我们根据其工作性质，及时组建商会党组织，将这些失联党员纳入其中并开展活动。

第四，"人性化"相待，点燃失联党员的工作激情。首先，加强教育培训。把失联党员教育培训纳入党员教育培训体系进行整体规划，每年分别由市、县、镇三级党委组织部门分期、分批、分类对其进行针对性培训。针对劳务市场用工需求，开展订单培训；针对生产经营的需求，开展实用技术培训；针对新形势的需要，开展党性党纪教育。其次，建立关爱机制。定期了解情况、定期访谈、定期慰问。以镇（街道）为单位，建立党员服务中心，为党员提供政策咨询和就业信息。再次，加强组织管理。出台《关于加强失联党员管理工作的意见》，一方面，为失联党员的党组织关系转接提供便利和帮助；另一方面，建立严格的管理制度，对党员进出、沟通联系、参加组织生活、党费交纳等进行规范管理，严防党员失联的情况再次出现。最后，促进失联党员发挥作用。搭建"小区综合互助平台""自主创业平台""劳动技能竞赛平台"以及"老党员活动平台"，鼓励失联党员在调节邻里关系、关爱空巢老人、带动发展致富等公益活动中发挥作用。

2. 探索"人籍分离"党员教育管理服务新模式

为有效组织和管理"人籍分离"党员，破解"人籍分离"现象给党员的教育管理带来的新问题,中共潮州市枫溪区委进行了有益的探索。

第一,健全管理服务机制。为进一步加强对回乡大中专毕业生党员的管理,枫溪区以回乡大中专毕业生党支部为依托,统一建立了回乡大中专毕业生党员信息库,将党员的姓名、性别、出生年月、入党时间、所学专业、手机号码、QQ 号码、家庭住址、现工作单位、是否愿意加入志愿者队伍等信息纳入数据库中,使党支部对各个党员的情况都有清楚的认识,切实增强党组织对毕业生党员的管理和联系。

第二,提供管理服务渠道。针对年轻人热衷于网上交流的特点,枫溪区积极探索党员教育管理的新渠道,搭建了网络学习平台和联系平台。通过建立党员 QQ 交流群,将党支部的一些工作搬上网络,使相对分散的党员们有了共同分享的"虚拟空间"——党支部 QQ 交流群,同时由党工委指派一名同志担任 QQ 群主。QQ 交流群内推行实名制,并且按照党员所属党小组进行整齐划一的标注。党员只要登录 QQ 群就能方便地参与学习交流,党支部也通过该平台开展"三会一课"、民主评议党员、办理预备党员转正、党费缴纳公示等党内活动。同时,开通手机短信服务平台,让党员通过手机短信了解本区党建工作动向。不定期通过手机短信平台留言等方式收集党员的建议,了解党员的工作情况、思想情况及发展动向。

第三,建立沟通联系机制。全面实行毕业生党员外出登记制度、定期联系制度和定期活动制度,切实加强与党员的沟通和联系,做到情况清、方向明。一是党员在离开本市前,要向党支部说明外出理由、具体去向和外出时间,并由党支部进行登记备案;党支部也确定专人对外出党员进行行前教育谈心,提出具体要求。二是党支部指定党小组联系人与党员结成联系对子,党员每个季度通过电话、QQ 等途径与结对联系人取得联系,汇报自身的工作、思想和学习情况。三是党支部通过网络平台组织党员参加学习讨论、民主评议和预备党员转正等活动。

第四,拓展作用发挥机制。在强化管理的基础上,中共枫溪区委还着力拓展党员发挥作用的渠道,激发党员服务家乡、服务群众、就业创业的热情,使党真正"接通地气",发挥作用。一是开展志愿者服务。建立党员志愿者队伍和党员志愿者信息库,开展政策宣传、信息技术推广、创卫服务、民意收集等志愿服务,巩固他们的党员意识,增强他们的党性认识。二是开展先锋承诺服务。组织党员开展以"我是党员我承诺、服务群众促和谐""为家乡建设出力、为党旗增添光彩""回乡学子细看家乡变化"为主题的实践活动,激发党员发挥带头服务、引领服务的作用。三是开展村务见习服务。及时把政治素质好、作风踏实、纪律观念强、愿意到农村基层工作、具备一定的组织协调能力的党员推荐到村级组织工作,为村级组织培养输送后备干部人才。四是开展党建工作服务。挑选党性观念强、业务素质好的党员,参加区委的党务培训,逐步为非公企业输送一批党支部专职书记和非公党建指导员,打造一支专职非公党建工作者队伍。

3. 提升党员带领群众致富的能力

农村党员处于农村改革、发展、稳定的一线,不仅是党联系群众的桥梁和纽带,还是发展农村经济、推动农村社会全面进步的骨干力量,因此除了要加强对他们的教育管理,还必须努力提升其能力素质,才能够发挥出他们在农村经济社会发展中的先锋模范作用。然而,当前广东一些农村尤其是贫困地区的基层党组织普遍存在发展党员难、党员发挥作用难、服务群众动力不足、带动农民致富能力弱、村组干部后继乏人等问题,与中共中央、中共广东省委对基层服务型党组织建设的要求和各地经济社会加快发展的形势存在较大差距。为此,自2013年起,肇庆市开始实施"加强农村党员队伍建设'三个一千'行动计划"。其主要内容是:通过把1000

名致富能手培养成党员、把1000名党员培养成致富能手、把1000名致富能手型党员培养成为村组干部，全面提升农村干部整体素质，增强农村经济发展内生动力，提高基层党组织的执政能力，推进基层党组织建设，达到服务群众、服务农业、繁荣农村、富裕农民、加强基层的目标。

其一，抓教育引导，把致富带富能手培养成为党员。全面开展调查走访，摸清农村致富能手的思想、年龄、文化程度、致富能力等基本情况，建立"农村致富带富能手信息库"。将政治立场坚定、平时表现好、要求上进、有培养前途的致富能手列为发展党员的重点对象，肇庆市共有3987名农村青年创业致富能手被列为农村党员发展对象。组织农村党员发展对象参加村党组织的组织生活、党课、电化教育、远程教育等，提高他们的思想政治素质。建立入党积极分子创业致富示范基地100多个，激励广大农村青年创业，积极向党组织靠拢。对重点培养的致富能手，村党组织指定一名负责同志进行"一对一"跟踪培养，引导他们积极参与村里的各项事务，将条件成熟的致富能手及时发展为党员。2014年以来，新发展农村致富带富党员1498人。其中，35岁以下和"双带型"党员比例分别占新发展党员的72%和28%。

其二，抓示范帮扶，把农村党员培养成为致富带富能手。进一步深化"东亮式"党员创业贴息贷款、"红色创业信贷"等活动，帮扶农村党员创业致富。2013年，肇庆市累计为200多名党员创业大户、贫困党员发放党员创业贴息贷款3226万元。成立了"肇庆市农村党员创业协会"和1000多个农业专业协会（合作社），加强了农村创业党员的交流与合作。评选了肇庆市十大"东亮式"党员创业带富之星，树立了全国优秀共产党员贾东亮、全国农村青年创业致富带头人梁志成、共青团中央十七大代表马建业、全国人民代表大会（简称"人大"）代表徐建贤等一批创业致富党员典型；开展肇庆"南粤先锋大讲堂"巡讲活动，建立了100多个党员致富带富示范基地,以党员教育党员的形式,展示党员风采,激发广大农村党员创业致富热情。目前,肇庆市有致富带头人1万多名。其中,党员6300多名,经营项目年产值超100万元的有860多名。

其三,抓培训锻炼,把致富能手型党员培养成为村干部。建立健全村级后备干部人才库,把一批政治立场坚定、年轻有为、群众满意度高、综合素质好的党员致富带头人列为村级后备干部,实行动态管理。采取与大专院校、中职院校联合办学的模式,采用"学历教育+岗位培训"的教育机制,选送1000名致富能手型党员后备干部进肇庆学院、肇庆市农业学校、肇庆广播电视大学等校进行大中专学历教育培训。目前,已选送700多名致富能手型党员进校园接受培训。积极为村(居)后备干部发挥作用搭建平台,在带领群众致富、创建卫生村镇、配合国家重点工程项目征地拆迁、维护社会稳定等工作中给他们交任务、压担子,让他们丰富阅历,锻炼才干,提高综合素质和能力。在新一届村(居)"两委"班子中,村(居)委会主任是党员的占89.7%,有1759名发展经济的"能人"进入了村(居)"两委"班子。

三、密切党群联系

正如前文所述,在动力日渐流失以及制度机制不健全的情况下,基层党组织与群众的关系不断疏离,党组织在基层存在"被边缘化"的风险。为破解这一问题,我们有必要从制度上着手,利用现有的党代表资源,通过为党代表提供发挥作用的机制、联系群众的平台以及可行的方法，密切基层党组织与群众的联系。就此而言，深圳市盐田区对党代会常任制的探索、党代表工作室制度在全省的推广以及乡镇（街道）领导干部驻点普遍直接联系群众制度的建立就显现出了重要的价值和意义。

（一）探索党代会常任制

为推进党的基层组织建设，提高党的建设科学化水平，深圳市盐田区近年来坚持以党代表工作室为抓手，以党代表作用发挥为重点，以党代会年会行使权力为突破，在发挥党代表和党代会实质性作用、开拓党内民主新途径、推动基层服务型党组织建设等方面做出了努力探索。

其一，搭建履职平台，拓宽服务渠道。通过建立党代表工作室，为党代表履行职能和发挥作用搭建平台、筑牢阵地。一是以社区为基础，建立社区党代表工作室。按照标准化、连锁店模式建立社区党代表工作室，每个工作室都配备有1名专职主任、1名秘书和若干名党员志愿者。二是以行业为依托，建立行业党代表工作室。盐田区在教育、卫生、公安、法院、检察院和市集装箱拖车运输协会6个行业系统内建立了行业党代表工作室。三是以网络为媒介，建立网络党代表工作室。盐田区充分认识到网络媒体在现代社会中的迅速发展和重要作用，创新成立网络党代表工作室，市民只需登录盐田区"社情民意数字化管理系统"，便可直接联系党代表。

其二，完善工作机制，提供制度保障。通过建立起一套"诉求代理机制—跟踪反馈机制—考核评价机制"的完整制度链条，为党代会常任制提供引导、规范和约束。一是广大党员与群众可以通过直接到党代表工作室、拨打工作室专线电话、登录网络工作系统以及利用服务工作卡等不同方式主动联系党代表；同时，所有党代表都安排有固定的走访日和接访日，主动了解群众利益诉求，并积极予以解决。如果群众反映的问题无法当场答复和解决，党代表必须利用"社情民意登记表"进行登记备案。二是党代表受理群众诉求后，首先要通过党代表工作室整理汇总信息，转交相关部门办理；然后，协调、跟踪、督促承办单位解决和落实。承办单位必须按照"谁主管，谁反馈"和"谁提出，反馈谁"的原则，在规定期限内向党员与群众、党代表、党代表工作室和区组织部门反馈具体工作情况。如果遇到特别复杂而短时间内难以解决的问题，党代表工作室必须持续跟踪，直至问题解决。三是为了防止职能部门办事拖沓、敷衍塞责，盐田区积极组织党代表参与对职能部门的日常评议和年终考核。党代表根据各部门办理群众诉求的工作态度、工作效率、工作作风以及群众满意度等情况，对区直单位、各街道及其主要负责人进行考核评议，结果作为相关单位和个人绩效考核总成绩的重要部分。此外，党代表的意见也是区委选拔任用干部的重要参考指标。考核评价机制的实施，为党代表履行职能提供了权力保障，对各职能部门服务群众产生了激励作用。

其三，规范权力运行，推进党内民主。一是实现党代表公推直选，保障党内民主选举。2011年，盐田区实现了区党代表100%公推直选，全区6687名党员和478个基层党组织，共选举产生170名党代表。在最终确定的候选人预备人选中，差额比例达到51.6%，其中接近60%的人选是通过党员联名推荐和个人自荐等方式产生的。二是试行党代表提案制度，促进党内民主决策。区委在每年9月、10月定期组织党代表围绕区党建和重大经济社会问题开展专题调研。党代表根据日常履职和调研情况向党代会提交提案，经大会各代表团讨论后进行表决。同时，建立相应的提案办理和反馈机制，保证提案制度的有效性，进而促进党内决策科学化、民主化。三是创设述职和问询制度，加强党内民主监督。一方面，全体区委委员要向党代会述职并接受评议。区委常委在大会上口头述职，其他委员和部门则提交书面述职报告，由党代表公开测评，现场公布结果。另一方面，党代表对党委会工作情况进行主动问询，由区委领导和相关部门现场作答，并给予书面回复。这项制度的实施为强化党代会监督权、扩大党内监督提供了制度保障。

（二）推进党代表工作室制度

在党代会常任制为党代表发挥实效性作用提供了制度基础后，为更好地履职，党代表还需要一个长效稳定的联系群众的平台，已在广东省全面推开的党代表工作室制度恰好提供了这一平台。在党代表工作室制度的建设方面，东莞的经验尤为成熟。为了更好地促进各级党代表履职尽责，发挥作用，落实党代表任期制，在学习借鉴新加坡人民行动党执政经验的基础上，东莞市于2010年6月在全省率先设立了覆盖全市市直机关、镇村、"两新"组织的党代表工作室，将全市419名市党代表、5554名镇（街道）党代表都安排到各个党代表工作室、所有市级领导党代表都分到各个镇（街道）机关党代表工作室接见群众，促进党代表在任期内履职尽责，使联系服务群众进入了制度化、规范化、常态化的崭新实践阶段。

第一，科学定位。东莞市党代表工作室以"知党情、听民意、促和谐"为基本定位。"知党情"就是使党代表工作室成为宣传宣讲党的方针政策的阵地，了解掌握基层党组织和党员队伍建设情况的窗口，传递反映党员、群众意见和建议的通道。"听民意"就是以党代表工作室为平台，通过主动深入基层，以谈心、谈话为主要方式，"零距离"倾听党员、群众的心声，了解党员、群众的真实想法，有针对性地做好党员、群众的思想工作。"促和谐"就是让党员、群众有话找党代表诉说，有事找党代表商量，把党代表工作室建成"党群连心桥"，增强党员、群众对党组织的信赖感，提高对党组织工作的满意度，以促进党内和谐，带动社会和谐。通过这一定位，将党代表工作室与信访室、维稳办在功能作用上进行明确区分,努力将其建设成为党联系群众与服务群众的"连心桥"。

第二,合理布局。到 2012 年,东莞全市共设置党代表工作室 616 个,覆盖了全市所有市直机关、镇(街道)机关、村(居)、"两新"组织和产业园区。这些工作室分为五类:一是市直机关党代表工作室 1 个、政法系统党代表工作室 1 个,二是镇(街道)机关党代表工作室 32 个,三是村(居)党代表工作室 579 个,四是市直管企业党代表工作室 1 个、市直管社会组织党代表工作室 1 个,五是松山湖党代表工作室 1 个。在设置选点上,党代表工作室一般设在党员与群众集中居住区、公共活动场所、行政服务中心或群众办事大厅的一楼,方便党代表会见、联系党员与群众,有利于党代表开展活动。

第三,保障参与。根据选举产生、结对帮扶、包片驻村、工作关系等原则,将全市 419 名市党代表和 5554 名镇(街道)党代表全部安排到各个党代表工作室,实现代表全参与。按照选举产生地原则,31 名市委、市人大、市政府、市政协和市中级人民法院、市人民检察院的市级领导党代表带头进驻各相应镇(街道)党代表工作室开展会见党员与群众工作。

第四,规范运作。为明确党代表工作室功能职责,确保规范运作,东莞建立了"六项工作流程"。一是定期开放。党代表工作室每周定期开放一次,每次开放时间为 2 个小时左右。二是轮流接见。工作室实行党代表轮流驻室会见党员与群众。每次一般安排 1 名党代表参加会见,人数多的工作室也可以同时安排 2 名党代表参加。三是走访调研。党代表根据工作需要,不定期走访工作室所在辖区的党员与群众,广泛收集社情民意,向党组织传递党员与群众的心声,并为党组织决策提供有用参考。四是远程受理。开通党代表工作室网络平台和电话专线,党代表在驻室工作时,可登录网络平台查看网民提交的登记表,或接听党员与群众的来电,并依照有关程序受理党员与群众的来访,及时转交给有关部门协调处理。五是联络服务。每个党代表工作室配备1～2名兼职联络员，主要负责做好工作室的日常工作，安排若干名党员志愿者为工作室提供服务。六是跟踪反馈。党代表工作室对党员、群众反映的情况进行收集整理，分送有关部门办理，并将落实情况及时向党代表和党员、群众反馈。

第五，强化保障。为推进党代表工作室有效运作，东莞从指导机构、人员配备、制度规范、硬件设施、运作经费上强化了"五个保障"。一是机构保障。中共东莞市委组织部设立了党代表联络工作科，负责党代表工作室的指导联系，做好党代表工作室收集的党员、群众意见与建议的交办、跟踪落实、反馈等工作。二是队伍保障。建立和完善"1+3"保障模式，即建好党代表工作室"1个平台"和党代表、联络员、志愿者"3支队伍"。三是制度保障。主要是建立日常工作制度、回复反馈制度和检查指导制度。中共东莞市委专门印发文件，详细规定全市党代表工作室运作模式，向每位代表印发了《东莞党代表工作手册》，并配发至所有工作室；党代表工作室对收集到的意见建议进行分类、整理、汇总，确定承办单位，明确具体处理意见；党代表工作室将接见党员与群众的情况定期汇总、报送；组织部门定期对党代表工作室运作情况进行检查与指导，总结、宣传好的经验与做法，及时整改存在问题。四是硬件保障。设置相对独立的党代表工作室，实行一室多用。工作室面积均在20平方米以上，并配备便于接待党员与群众的基本设备，营造整洁简朴、温馨如家的环境。五是经费保障。市委按照每个党代表工作室1万元的标准，从市管党费中拨出619万元作为各个党代表工作室的专项经费，重点加强党代表工作室网络平台建设。

（三）镇（街道）领导干部驻点普遍直接联系群众制度

随着党代表工作室制度的建立与推广，尤其是通过资源整合形成的包括党代表在内的"两代表一委员"联系群众制度的广泛实施，各地基层党组织在联系群众、服务群众方面取得了较为明显的成效。不过，在实践过程中也相继发现了一些不足。其中，最为明显的就是，"收集意见、反映诉求、解决问题和反馈效果"的链条在理论上应该是完整且合理的，但一些关键节点在实施过程中存在一定的梗阻。由于"两代表一委员"的行政资源有限，许多问题并没有解决的权力，依旧要逐层上报。佛山市三水区西南街道的一位基层干部就曾表示，"群众不时会反映，经常（到群众中）来收集意见的（党代表、人大代表等）不一定有权解决问题，有权解决问题的（党政领导）又不一定经常了解基层群众的诉求"。与此同时，虽然很多地区确立了区镇领导定期挂钩村（居）、走访联系困难群众、到综治维稳中心接访等党政领导联系群众机制，但由于缺乏强有力的制度规范和保障，这些方式相对来说都比较灵活，区镇（街道）党政领导往往有事或有空才到挂钩点或困难群众中去走访，没事发生或工作繁忙的时候就很少或基本不去，呈现出临时性、短期性和松散性等特点，难以与群众形成常态化、规范化的紧密联系。

为破解这一矛盾，在中共广东省委书记胡春华的"点题"之下，佛山市南海区于2014年7月开始，率先探索建立镇（街道）领导干部驻村（居）直接联系群众制度，并在总结一个月实践经验的基础上，于2014年8月5日印发了《关于建立镇（街道）领导干部驻村（居）直接联系群众制度的实施意见（试行）》（以下简称《实施意见》），明确将用8~9个月的时间，根据"更直接、全覆盖、常态性、制度化"四项原则，在深化原有挂钩联系工作和整合各单位、各线服务资源的基础上，全面推行镇（街道）领导干部驻村（居）直接联系群众工作。其目的是希望通过推动领导干部深入基层，全面、普遍、直接联系群众，强化领导干部为人民服务的宗旨意识，建立自下而上的民意表达机制和区、镇、村三级联动的直接联系群众的体系，增进党群干群互信，解决服务群众"最后一公里"

的问题。为实现这一目标，南海区从几个方面进行了制度创设。

1. 在联系方式上要求做到"三固定一创新"

镇（街道）党委承担直接联系群众的直接责任，履职方式为驻班制，联系服务范围为所有村（居）和结对挂钩家庭。其具体要求有四条。

第一，固定联系时间。镇（街道）领导驻班村（居）统一安排在每周二下午，除急、难、险、重等情况外，原则上不得缺席，区、镇（街道）也不得在该时段安排会议。镇（街道）领导确实不能在该时段驻班的，需在双休日内另行选择固定时段进行"补班"；固定时段一旦确定，原则上不得变更。针对厂企、园区外来务工人员等不同群体，灵活安排时间开展驻班。

第二，固定联系地点。镇（街道）领导每人固定驻班1～2个村（居），常态驻班地点设在村（居）行政办公楼内相对固定的场所。驻班必须在村（居）现场范围内，不得远程驻班、遥控驻班或找人替代驻班。对于外来务工人员集聚的社区，应在工业园区等地方设置驻班地点，为相应的群体提供服务。

第三，固定团队成员。按照"责任人+团队"的方式，由镇（街道）领导干部作为责任人，组建固定的工作团队。团队人员的构成宜精不宜多，每个团队原则上不超过10人；成员可来自"两代表一委员"、机关工作人员、工青妇群团组织、党员志愿服务队、企业代表等各类群体；配备专职联络员1名和驻村（居）律师1名。团队的构成长期稳定，如团队成员外调异地工作的，由职位继任者自然替代。

第四，创新联系形式。镇（街道）领导到村（居）驻班联系群众，必须采用"面对面"与群众见面谈话的模式。可结合实际创新联系形式，灵活采取定点接访、重点约访、带案下访、上门回访、论坛听证等形式进行；同时，还要求各驻点工作组将开展驻班工作的时间、地点、团队人员、联系电话等信息于正式驻班前3个工作日在村（居）公共场所向社会公布。

2. 明确镇（街道）领导驻班的具体工作任务

镇（街道）领导驻村（居）直接联系群众，首先被要求的就是必须正确处理好与村（居）党组织的权责关系，做到"不包办、不代替"。在这一总体要求之下，具体落实四项任务。一是要掌握社情民意。对村情民情进行排查摸底，分类掌握，通过不同渠道，"面对面、背靠背"征求群众意见，回应群众最关心的问题，密切干群关系。二是要化解基层矛盾。围绕"一减一控"的目标，深入走访调研排查，及时发现和化解村（居）矛盾纠纷。定期跟踪联系特殊群体、重点人群，有针对性地带案下访、约访、回访，对群众提出的具体问题，能够解决的要抓紧解决，一时解决不了的要耐心细致地做好解释工作，需要上级决策或制定政策的要及时反映，切实做到把矛盾化解在基层。三是要宣传政策法规。向广大群众宣传党的路线、方针、政策和国家的法律法规，宣传镇（街道）在推动改革发展过程中制定的各种惠民、利民政策，把贯彻落实惠民、利民政策变为人民群众的自觉行动，增强党组织的凝聚力和向心力。四是要加强基层党建。围绕基层治理党建三年行动计划的要求，指导村（居）完善和落实各项制度。培养村（居）干部，壮大基层骨干力量，提升村级干部队伍素质。此外，还要求驻班团队做好驻班日志和问题台账，对联系群众的时间、地点、对象和群众反映的问题、处理意见、处理结果进行详细记录。

3. 强化组织、机制、监督以及宣传四项保障

组织保障方面，明确区委承担直接联系群众的第一责任，镇（街道）党委承担直接联系群众的直接责任，村（居）党组织承担直接联系群众的主体责任；同时，建立镇（街道）领导干部驻村

（居）直接联系群众工作专项经费制度，提供基础保障。机制保障方面，建立区、镇（街道）、村（居）上下联动机制。区委要定期听取镇（街道）领导驻班工作的情况报告；镇（街道）党委要制定直接联系群众的实施方案，具体抓好该项工作；各村（居）党组织要发挥主体作用，积极配合做好具体组织工作。同时，提出要加快完善党委联席专题研究会议、电子义工证报到、问题处置反馈流程和信息化后台处理等制度，确保驻班工作取得实效。监督保障方面，提出要建立组织考核与群众满意度测评相结合的绩效评估考核机制，将镇（街道）领导直接联系群众工作纳入镇（街道）领导班子成员年度述职和党建考核目标。其中，重点是要完善群众对驻班团队和意见办理满意度的评议评价体系，不断提高群众满意度。宣传保障方面，要求各镇（街道）向社会主动公开驻班领导的相关信息，通过派发驻班领导联系卡、服务卡等宣传方式提升群众的知晓度和支持度。

在总结南海区实践经验的基础上，以南海区的《实施意见》为蓝本，中共广东省委办公厅于2014年10月15日印发了《关于建立乡镇（街道）领导干部驻点普遍直接联系群众制度的意见》（以下简称《意见》），在全省建立乡镇（街道）领导干部驻点普遍直接联系群众制度。与南海区试行的《实施意见》相似，省委的《意见》同样从总体要求、基本原则、主要任务、工作机制以及领导责任等方面对直接联系群众制度进行了规范。略有不同的是，省委的《意见》对这一制度所须坚持的基本原则给予了更为精细的表述，即坚持普遍直接联系群众，做到面对面联系；坚持联系群众全覆盖，与每个村（居）及每户群众（包括外出务工人员和外来人员）、驻村（居）各类单位都要联系；坚持联系群众常态化，固定联系人员、时间、地点；坚持联系群众制度化，建立运作、登记、评价机制，保证联系工作规范有序。同时，也进一步明确了各级党组织的责任，要求强化乡镇（街道）的主体责任，村（居）的承接责任以及市、县（市、区）的督导责任。随后，各地市（地级市）、县（区）以及乡镇（街道）也根据省委的《意见》相继制定了具体的实施意见。由此，乡镇（街道）领导干部驻点普遍直接联系群众制度逐步在广东省内全面推行。

四、理顺党组织与村（居）委会关系

作为国家层面的党政关系在基层的延伸，基层党组织与村（居）自治组织关系的和谐与否，不仅关乎农村经济社会建设能否有效推进，也直接影响党在基层社会领导功能的发挥和执政地位的稳固。然而，随着村民自治制度的全面推进，村"两委"矛盾问题也不断凸显，一些矛盾激化地区的村治甚至因此陷入混乱或停滞，严重制约着当地经济社会发展和党在这些地区执政基础的巩固。而地处改革开放最前沿的广东省，经济社会结构的急剧变迁导致农村的利益格局多元化且关系复杂，因此由村委会和党支部组成的公共权力机构极易成为各种利益的"角斗场"，导致广东省内许多村庄的"两委"矛盾较其他地区更加尖锐和复杂。为此，在村委会直选全面开展之初，广东省就将扩大村党支部书记和村主任"一肩挑"的比例以及"两委"干部交叉任职的比例明确为理顺村"两委"关系的原则性意见。与此同时，以广州市增城区下围村为代表的部分村庄也开始尝试通过搭建规范的"村民代表议事制度"，将村庄重大事务的决策权交给村民代表会议，从而消解"两委"围绕村庄公共事务的决策权而争斗不止的制度性根源。

（一）扩大"一肩挑"和交叉任职比例

早在1999年首届村委会直选在广东全面开展之际，时任中共广东省委常委、副省长的欧广源在广东省村民自治工作会议上，就清楚地阐述了省委、省政府领导对如何理顺村"两委"关系的原则性意见，即"加强党对农村工作的领导，就要把党的基层组织建设好。在村民自治过程中，要把大多数群众拥护的优秀党员选进党支部委员会，并通过村委会选举把他们选进村委会担任干部，实现村党支部成员、村委会成员交叉任职，两块牌子，一班人马，减轻农民负担，提高工作效率。村主任不是党支部书记，而是由党支部副书记或其他党支部委员兼任的，如果条件成熟，在改选党支部时，应尽可能选举村主任担任党支部书记。对于非党员的村主任、副主任、委员，要积极做好在他们中间发展党员的工作"①。因此，廉江市在1999年首届村委会直选中，实现"一肩挑"的农村就达到了80%，而顺德、高州等市县，"一肩挑"的比例甚至达到了90%。②

在"一肩挑"和"交叉任职"的实现方式上，广东省各地普遍使用了始于顺德的"二选联动机制"。这一机制的核心是在村委会民主选举中，充分发挥党组织的领导核心作用，通过法定程序，正确引导，把党组织的意图与尊重民意统一起来，使大多数村党支部成员通过合法程序成为村委会成员，实现村党支部和村委会成员交叉任职。在具体操作方式上，一是鼓励在职的村党支部书记竞选村主任，如果当选了，在获得群众投票的基础上一身二任，有助于

---

① 乡镇论坛杂志社、民政部基层政权和社区建设司农村处：《1999年度农村基层民主政治建设资料汇编》，乡镇论坛杂志社1999年编印，第365页。

② 参见乡镇论坛杂志社、民政部基层政权和社区建设司农村处《1999年度农村基层民主政治建设资料汇编》，乡镇论坛杂志社1999年编印，第146页。

解决村"两委"的权力争端。二是如果当选的是一个普通党员,那么由于他的民意基础强于在职的村党支部书记,他也就有理由出任村党支部书记,实现"一肩挑"。针对当选村主任不是党员的情形,则积极培养和争取这样的村主任入党,通过这样的组织措施,理顺村"两委"的工作关系。而无论是村党支部书记竞选成为村主任,还是当选村主任被推选为村党支部书记,都是村民直接选举的结果。这一机制的关键就是上述两个步骤的顺序不能颠倒,如果颠倒过来,预先圈定在职村党支部书记为村主任,就不可避免地会滋生操纵选举等违法行为。

当前,"一肩挑"和"交叉任职"的比例在省内各地还很不平衡:韶关、梅州、江门、阳江、茂名、肇庆、清远、云浮 8 个市的比例已达到 80% 以上;珠海、佛山、惠州、汕尾、潮州、揭阳、河源、湛江 8 个市已达到 60%,同时党员村(居)委会主任的比例达 80% 以上;广州、深圳、汕头、东莞、中山 5 个市的比例则相对较低。因此,进一步扩大村党支部书记和村主任"一肩挑"以及"两委"成员"交叉任职"的比例,仍然是广东省换届工作中的重中之重。在 2013 年 11 月 14 日召开的村(居)"两委"换届选举工作电视电话会议上,中共广东省委书记胡春华仍然强调,要选好配强党组织班子,把最优秀的基层干部放在党组织书记的位置上,大力推行农村、社区党组织书记兼任村(居)委会主任,农村、社区党组织班子成员兼任村(居)委会班子成员,进一步提高"一肩挑"和"交叉任职"的比例。

不过,随着"一肩挑"的比例的逐渐提高,又引出了包括对集党政权力为一体的村庄"一把手"的监督在内的另外一些问题。对此,各地开始探索相关防范措施。其中,规范村庄事务决策程序与扩大村民有序参与是主要的方向;同时,也为理顺村"两委"关系提供了另外一种思路,而增城下围村的"村民代表议事制度"则是这方面的典型案例。

（二）规范"村民代表议事制度"

20世纪90年代初，一时的大开发、大建设热潮推动了增城市石滩镇下围村的快速转型，但由于缺乏科学民主的管理方式，以征地拆迁、物业出租和工程建设为核心的村务财务管理混乱，引发了石滩镇下围村长达20年的党群关系紧张和派系斗争。村民们基于利益及与村干部的亲疏关系，划分为支持村委会和支持村党支部且势均力敌的两派，村"两委"矛盾尖锐，围绕村庄相关事务"互相反对，为了反对而反对"，村务混乱。为此，在增城市和石滩镇党委政府的指导下，探索"村民代表议事制度"，将村务、财务的决策权通过一个公开透明、民主公正的议事决策平台交还给村民，从而消除"两委"争权夺利的根源性因素。其具体做法包括三个方面。

1. 建立一套规范细致的议事规则

第一，建立村民代表会议议题会前公示制度和会议过程实时转播制度。村民代表会议实行"一事一议"，议题一般由村"两委"提出，经由村"两委"联席会议充分讨论，并形成初步方案后提交村民代表会议审议；同时，规定村"两委"要将议题及相关方案细则提前公示3天。公示期间，村"两委"干部和村民代表按照"从群众中来，到群众中去"的要求，主动深入群众，广泛征集广大村民和党员同志对议题的意见与建议，"零距离"听取村民的呼声，做到全民知情、全民参与、全民监督。

第二，建立村民代表会议发言制度，保障参会人员的充分发言权。村民代表会议讨论决定问题时，与会代表以及列席人员都可以申请5分钟的发言时间和3分钟的补充发言时间。这既让参会人员充分表达意见、建议和诉求，又使其对商议事项的表决结果心悦诚服，会后不会因会议过程"言而未尽"而产生风言风语，阻碍决定事项的执行。

第三，建立会议决议和决定的公开与确认制度，提高村民代表会议决议和决定的权威性。村民代表会议决定事项须经到会代表总数的 2/3 以上通过方为有效；表决采取举手或投票的方式，表决结果当场宣布；凡经村民代表会议通过的决议、决定，要通过微信平台、村广播站或村务公开栏等予以公开和公告，任何人不得擅自改变或另做决定，村"两委"和全体村民必须执行，并由村"两委"负责组织落实；会议由专人记录，形成的决议和决定须经村民代表签名及按手印确认。

2. 搭建一个有严格功能分区的严肃议事平台

村民代表会议设立议事大厅，并按主席、代表、列席、旁听、监督和发言 6 个板块进行功能分区和布局，要求与会人员佩戴相应会议牌证对号入座并履职尽责。由此营造严肃认真、庄严神圣的议事氛围，增强村民代表及相关与会人员的荣誉感和责任感，以及加强其组织纪律观念和提高其主人翁精神；同时，还提高了会议质量和效率，有效解决了农村因开会过程自由散漫、吵吵闹闹而产生的议而难决、决而难行的现实问题。

3. 重塑村"两委"角色定位

实行"村民代表议事制度"后，村"两委"主要负责召集村民代表会议，组织落实村民代表会议做出的决议和决定，从而切实摆正了村"两委"作为村集体"三资保管员"的角色定位，把村集体"三资"的处置权和公共事务的话语权还给村民，将权力关进了制度的笼子。村"两委"角色定位的摆正在实现将"村干部自治"变为"村民自治"的同时，也为两者关系的理顺提供了契机和制度基础。

五、小　　结

通过前文的梳理可见，围绕基层党组织在当代中国农村基层政治运转进程中面临的各方面问题，广东省各地进行了卓有成效的探索与实践，并形成了一些较为典型的经验；总结梳理这些经验，对于深入推进基层党建工作的改革创新、巩固党在基层社会的领导权和执政地位具有重要的启示意义。

（一）成效

广东省各地围绕党领导和推进基层民主政治建设进程中面临的诸多问题与挑战，结合当地实际情况，积极探索实践，在加强基层党组织自身建设、密切党群联系以及协调"两委"关系方面取得了明显成效。

1. 提升了基层党组织的领导能力，领导核心地位得到了有力强化

首先，通过优化党组织设置，完善党组织主导下的村"两委"统筹分工和民主决策机制等举措，进一步明确和强调村党组织是农村各种组织和各项工作的领导核心，使村党组织开展工作有平台、为民办事有抓手、推动发展有资源，村党组织在农村基层的执政地位得到实实在在的体现。其次，佛山市"大学生村干部工程"以及

揭阳市选派优秀年轻干部到后进村任"第一书记"等项目的实施，为落后村党组织建设注入了新的活力，优化了农村基层干部队伍结构，村"两委"班子素质得到了整体提升，进而提高了村"两委"班子的理政能力，促进农村各项事业健康发展。最后，潮州市枫溪区以及湛江市加强了对党员的教育管理，增强了党员的凝聚力，也为党员有效发挥服务作用提供了平台和渠道。

2. 建立健全了基层党组织密切联系群众的长效机制

一方面，党代表工作室制度的构建为党群对话的实现提供了重要的社会平台。截至2012年，广东省已经建立了5071个网格化、标准化的党代表工作室，分布在各级直属机关、镇（街道）、村（居）和企事业党委、行业协会等各个领域，同时还依托各级政府网站和实体工作室，创建了相应的网络工作室，基本实现了现实和网络社会的全覆盖。依托于遍布全省的线上、线下党代表工作室，18万各级党代表实现了"无障碍"直面党员、群众，"零距离"与群众进行充分沟通与交流，并在此过程中宣传党的方针政策、收集党情民意、调节利益矛盾。另一方面，将党代表在任期内的履职活动纳入了制度化运作的轨道，使得党的群众路线的践行脱离了各级干部个体化、主观性的运作方式以及相对涣散的"自觉自发"状态，而借由各级党代表在工作室的定期接访，形成一种高度规范化、程序化以及常态化的专项工作。由此，也将党代表联系群众由单纯的依赖于内在动力驱使的行为转换成了一种制度规范下的职责要求，较好地解决了当前党员干部密切联系群众的内在动力不足的问题。此外，开展对党代会常任制的探索，通过党代表公推直选以及党代会年会的制度设计和创新实践，党代表真正由党员、群众选出，代表党员、群众，向党员、群众负责，接受党员、群众的评议监督。与此同时，党代表对涉及辖区的重大事项参与决策，审查"两委"工作报告，对基层党委工作部门、党工委和全体党委常委进行述职、测评等措施，营造了民主讨论、民主决策和民主监督的政治氛围与制度环境，也使得党代会作为基层党组织最高决策机关和监督机关的职责得以充分体现。

3. 促进了农村治理主体关系的理顺

村党支部书记和村主任"一肩挑"以及村"两委"成员"交叉任职"比例的逐渐提高。从实践上看，一方面实现了"两委"领导职位由一人担任的简化效果，使"两委"之间的摩擦和冲突得到了避免，党支部书记和村主任不再因责任分工产生分歧，不必为权力大小而冲突，消除了不必要的矛盾和摩擦，同时起到了减少决策环节的作用，在一定程度上提高了"两委"班子的行政效率；另一方面，"两委"领导职位由一人担任，也能在整体上减少干部数量，节约行政成本，为农民节省了开支。此外，"一肩挑"模式通过交叉直选的选举方式，使干部接受群众检验，获得了稳固的合法地位，增强了在群众中的权威性，其责任意识和积极性得到了很大的提高；而经过基层推选、党内党外交叉选举，能够严格地考察领导干部的综合素质，包括工作能力、协调能力、服务意识等，将更多文化水平高、致富能力强的优秀人员吸纳到基层领导层面上来，也有利于提升基层领导队伍的综合素质。

此外，下围村"村民代表议事制度"的建立和健全，不仅成功化解了村庄内部长达20余年的派系斗争，调解了根源于派系斗争的村"两委"矛盾，而且用制度和规则明确了村"两委"间的职责分工，初步形成了村党支部领导、村民代表会议决策与监督、村委会组织实施的村庄治理格局，有效地消解了导致村"两委"矛盾的制度性根源，为基层治理主体各自功能定位的明晰以及关系的理顺，打下了坚实的制度基础。

（二）经验

近年来，广东省各地为应对基层党组织在自身建设、联系群众以及领导和团结村（居）民自治组织等工作中面临的诸多问题和挑战所进行的制度创新和实践探索，在取得了明显成效的同时，也逐渐形成了一些可供推广和借鉴的成熟经验。总结起来，这些经验主要包括三个方面。

1. 要切实明确各级党工委书记在基层党建工作中的"第一责任人"职责

改革开放以来，随着"以经济建设为中心"逐渐成为普遍共识，在沉重的改革发展任务和各方面激烈竞争的压力下，许多地方的党委尤其是党委书记往往将主要精力放在抓经济发展方面，而很少有时间和精力抓党建工作。久而久之，各级党委书记在认识上形成了一定的误区：认为抓党建与抓发展相比，抓发展是硬的，抓党建是虚的，抓发展立竿见影、政绩凸显，抓党建则看不见、摸不着，不容易出"显绩"，甚至还认为抓党建是分管党务工作的同志和有关部门的事，把任务放手交给他们就行了，用不着党委书记管。而这样的认识误区也成了党建工作长期滞后于经济社会发展，从而面临诸多问题与挑战的重要原因之一。正因为如此，习近平总书记在论述基层党建工作时，才会反复强调，"各级各部门党委（党组）必须树立正确政绩观，坚持从巩固党的执政地位的大局看问题，把抓好党建作为最大的政绩"[①]；同时，还强调抓党建必须抓责任制，抓责任制必须抓责任人，抓责任人必须抓第一责任人，

---

① 习近平：《在党的群众路线教育实践活动总结大会上的讲话》，见 http://news.xinhuanet.com/politics/2014-10/08/c_1112740663_3.htm，2016年10月8日。

落实到党委书记身上，落实到各级党组织。

而广东省内各地为巩固党的领导权进行改革创新的过程中，所形成的最值得关注的经验就是切实将习近平强调的党委书记要履行基层党建工作"第一责任人"的职责要求落到了实处。这一点在"书记项目"上体现得尤为明显，而本章中的许多案例实际上也都来自于其中的优秀成果。为直接破解基层党建热点、难点问题和薄弱环节，广东省借鉴抓经济项目运作的办法，通过书记带头、项目推动，促进各级党组织书记从严落实"书记抓、抓书记"党建责任制，这就是基层党建创新之"书记项目"。该项目自2012年实施以来，各级各系统党组织书记对党建工作越来越重视，申报获立项的项目越来越多，选题范围越来越广，措施步骤越来越实，在进一步落实了基层党建工作责任制、强化了党组织书记抓党建的主业意识的同时，也明确回答了基层组织建设谁来抓、怎么抓、抓什么的问题。

2. 必须坚持以问题为导向，破解基层党建工作中的热点、难点问题和薄弱环节

正如习近平总书记所言，"改革是由问题倒逼而产生，又在不断解决问题中深化的"[①]，广东省各地在实践探索过程中所形成的另外一条重要经验就是在改革创新大方向的选择上始终坚持以问题为导向。以"书记项目"为例，每年年初，中共广东省委组织部根据中共广东省委中心工作和全省基层党建工作面临的新形势、新任务、新问题，提出年度选题方向，引导各级党组织书记在既有的选题方向框架内，带头抓1~2个党建项目。各地各系统则根据中共广东省委组织部的统一部署，把"书记项目"与服务经济发展、社会建设、民生事业等统筹起来，结合本地区、本单位的中心工作，

---

① 习近平：《改革是由问题倒逼而产生》，载《新京报》2013年11月14日。

深入基层调研，广泛听取意见，从具有代表性、被普遍关注、亟须解决的问题，特别是从在党组织书记述职评议考核中查找到的及新排查到的热点、难点问题和薄弱环节入手，确定项目选题。这也就意味着，广东省各地近年来的改革创新所针对的都是党建工作中难啃的"硬骨头"，而已经形成工作经验的、不属于基层党建范畴业务工作的、各级组织部门能够独立解决且不需要党组织书记推动的问题则不会被纳入改革创新项目。

对问题导向的坚持还体现在对问题的精准识别和持续关注上。一方面，对问题认识得清晰准确与否直接决定着改革创新目的的合理性以及手段的科学性。因此，根据各地的实际情况，认真严谨地分析基层党建工作面临的真正问题是创新探索能否取得预期实效的前提和基础，而这一点也在广东各地的改革实践中得到了足够的重视。譬如，同样是面对基层党组织设置方式不合理所带来的问题，以农村社区为主的清远市在深入调研后，发现行政村内部自然村过多且相距较远而导致基层党组织"悬浮于"村民之上，从而难以组织和服务群众的问题，因此相应地采取了组织下沉到自然村的应对措施；相比之下，城镇化进程较高的东莞市和佛山市，看到的则是快速城镇化后流动党员和外来党员大量增加所带来的基层党组织"小马拉大车"的问题，因此采取的是升格基层党组织这一更加契合当地实际情况的改革措施。另一方面，改革无止境，任何的创新手段都不可能一劳永逸地解决发展进程中的所有问题。能否清醒地认识到这一点并及时发现改革推进过程中出现的新问题、新情况，将在很大程度上决定改革效果能否持续甚至是创新措施的成败。而广东省内各级党委在近年来的改革创新过程中，对此则有着极为清醒的认知。以群众路线的制度化探索为例，随着党代表工作室制度在全省范围内的全面推行，如何将党代表们收集到的民意顺利传达到各级党委中去，从而转化为更加科学合理的政策，成了这一制度能否长期运转并且得到群众认可的关键问题。为此，中共广东省委及时扩大了党代会常任制的试点范围，以更好地发挥党代表的作用。

3. 要构建"顶层设计"与"基层探索"有机互动的良性格局

对于我国这样一个幅员辽阔，国情、省情、区情千差万别，且改革广度与深度早已大为拓展的国家而言，任何改革的向前推进都必须有赖于"顶层设计"与"基层探索"的有机良性互动，缺一不可。离开对"基层探索"的及时总结与回应，"顶层设计"难免因指导性和针对性的不足而陷于空泛；反之，缺失"顶层设计"的指导，"基层探索"则往往陷于盲目，偏离正轨。在2014年12月主持召开中央全面深化改革领导小组第七次会议并发表重要讲话时，习近平总书记曾强调，"要鼓励地方、基层、群众解放思想、积极探索，鼓励不同区域进行差别化试点，善于从群众关注的焦点、百姓生活的难点中寻找改革切入点，推动'顶层设计'和'基层探索'良性互动、有机结合"①。事实上，纵观党的十一届三中全会以来我国30多年的改革历程，不难发现，发挥人民群众首创精神，鼓励并及时总结基层、群众的实践创造始终是成功推进制度创新的宝贵经验。"正因为'顶层设计'呼应了基层群众的意愿，对接了基层的探索，在'顶层'与'基层'的良性互动中，改革才不断取得突破，蹄疾步稳地向前推进。"②

而对"顶层设计"与"基层探索"有机良性互动格局的努力构建也是近年来广东省改革创新不断取得明显成效的重要经验之一。以党代表工作室制度的建立和推广为例，自第一个党代表工作

---

① 习近平：《推动改革顶层设计和基层探索互动》，见新华网（http://news.xinhuanet.com/politics/2014-12/02/c_1113492626.htm），2016年12月2日。
② 慎海雄：《推动顶层设计和基层探索良性互动有机结合》，载《瞭望》2014年第49期。

室于2009年4月在深圳宝安区新安街道文汇社区建立后,各地的探索实践也迅速跟进,越来越多的地方结合自身实际情况开始了党代表工作室的建设。在这一背景下,中共广东省委及时总结各地的实践经验,并于2012年印发了《广东省党代表工作室管理暂行办法》和《中国共产党广东省各级代表大会代表办理党员群众意见建议暂行办法》,对党代表工作室的运行以及各级党代表接收党员、群众的意见与建议工作进行了统一的规范,从而为党代表工作室制度在全省的推广奠定了良好的制度基础。这可以说是上下良好互动推动制度改革创新的典型案例。同样的案例还包括乡镇(街道)领导干部驻点普遍直接联系群众制度经过佛山市南海区试点后在全省的推行,以及"村民代表议事制度"在下围村取得良好成效后在增城区的推广。

(三)启示

广东省为巩固党在基层社会的执政基础所进行的实践探索和制度创新表明,加强和完善自身建设是基层党组织有效应对当前各种问题与挑战的前提和基础;提高群众路线的制度化水平是基层党组织保持同人民群众密切联系的关键环节和重要保障;推进包括选举、决策、管理和监督在内的人民民主权利在基层的全面落实是破解村"两委"矛盾的有效路径和发展方向。

1. 完善自身建设,是基层党组织有效应对当前各种问题与挑战的前提和基础

作为中国特色社会主义建设的领导核心,中国共产党是解决中国问题和办好中国事情的关键。早在1957年,邓小平就曾深刻地指出,"过去的革命问题解决得好不好,关键在于党的领导,现在

的建设问题解决得好不好，关键也在于党的领导"①。改革开放后，在1992年的南方谈话中，邓小平也曾语重心长地说："中国要出问题，还是出在共产党内部。"② 因此，"关键是我们共产党内部要搞好，不出事"③。此后，胡锦涛、习近平等领导人也曾反复强调"办好中国的事情，关键在党"。这也意味着，要想肩负起时代赋予的历史重任，中国共产党就必须时刻注重和加强自身的建设。

正所谓"打铁还需自身硬"，政党作为一种为实现特定目标而组织起来的政治组织，自身建设和管理的好坏决定着其生存和发展。但是，在经济社会结构不断发展变化的背景下，党的领导水平和执政水平以及党组织建设状况和党员干部素质、能力、作风，相对于其肩负的历史任务都还存在着不小差距，这一点在基层党组织领导和推进当地经济社会建设进程中表现得尤为明显。综观基层党组织当前面临的问题与挑战不难发现，造成这些问题的根源主要还在于基层党组织自身建设和管理的方式已经远远滞后于快速变化的经济社会环境。一方面，传统上以行政村为依托建立村级党支部的组织设置方式导致基层党组织因"悬浮于半空中"而极易游离于群众之外，而基层干部因自身素质与能力不足而导致工作方式的简单粗暴，更是引起基层干群矛盾激化的主要因素之一。另一方面，领导水平的低下以及对自身职能定位认识的错位或不到位，则直接导致基层党组织在村民自治制度全面推行之后，陷入了与村委会争权夺利的矛盾中，不能自拔。

正因为如此，各地在探索创新基层党组织建设、管理和活动方式的过程中，都普遍将加强和完善自身建设作为首要任务。无论是通过重心下移、优化升级以及扩大组织覆盖面等措施完善基层党组

---

① 邓小平：《邓小平文选》（第一卷），人民出版社1994年版，第264页。
② 邓小平：《邓小平文选》（第三卷），人民出版社1993年版，第380页。
③ 邓小平：《邓小平文选》（第三卷），人民出版社1993年版，第381页。

织的设置方式，凭借加强村党支部书记队伍建设、向落后村派驻"第一书记"、实施"大学生村干部"计划等方式提升基层干部素质，还是借由"失联党员归队工程"、人籍分离党员教育管理服务新模式、"农村党员创业示范工程"等项目的实施优化基层党员队伍教育管理的体制机制，其目的显然都是为了在加强与完善自身建设和管理方式的基础上，密切与群众的联系，理顺与村（居）民自治组织的关系，最终实现党在基层社会的领导地位和执政基础的巩固。

2. 提高群众路线制度化水平，是基层党组织保持同人民群众密切联系的关键环节和重要保障

坚持群众路线，始终保持与人民群众的血肉联系，是中国共产党在长期革命和战争中形成的优良传统与政治优势，同时也是中国共产党在极为恶劣的环境中能够由一个孱弱小党逐渐发展壮大并成功取得全国政权的根基所在。然而，随着取得政权后生存环境的改变，尤其是改革开放后经济社会环境的急剧变迁，导致群众路线在实际的践行过程中与理论出现了极大的背离。当前，中国共产党已经由创立之初不足百人且长期处于被打压地位的微弱小党成长壮大为一个拥有8779.3万名党员，436万个基层党组织，[①] 且长期处于执政地位的超级大党。而这8700多万分布于全国各个地区和各行各业的优秀分子，无疑是我们党的一笔巨大的政治财富。诚如郑永年所言，如果能将这8700多万党员打造成为党联系社会和服务群众的桥梁，那么还有什么事情是我们党不能做好的呢？[②]

然而，令人遗憾的是，长期以来，我们的基层党员都不清楚自

---

① 参见中共中央组织部《2014年中国共产党党内统计公报》，见 http://news.12371.cn/2015/06/29/ARTI1435581292563585.shtml，2016年5月10日。

② 参见郑永年《关键时刻：中国改革何处去》，东方出版社2014年版，第69页。

己作为一名先锋队员该做什么、能做什么,甚至作为党员中的优秀分子而被选出来的党代表们也只能是在每5年一次的党代会上"握握手、举举手和拍拍手"。这意味着,党在直面群众也最应该做好群众工作的基层社会却面临着更为严峻的脱离群众的危险。究其原因,就在于长期以来,我们缺乏一整套保证各级党员干部能够践行群众路线的制度体系。正如胡伟所指出的,"党如何联系群众……并无更具体更广泛的制度上的规定,特别是在联系社会上普通群众方面。群众路线对于共产党与其说是一种制度,还不如说是一种作风。……就一个党员或党的领导干部而言,他是否联系群众以及在多大程度上联系群众更多地取决于他个人的民主作风而非制度"[①]。而广东各地围绕创新群众路线践行方式,构建密切联系群众长效机制的探索和实践表明,只有努力提高群众路线的制度化水平,才能切实保障基层党组织保持同人民群众的密切联系。

  为此,一是要为基层党员干部联系群众搭建一个布局合理且长效稳定的平台阵地,而广东省的经验表明,经过几年时间的推广,在广东省建立起来的5071个网格化、标准化的党代表工作室,基本可以胜任这一角色。二是强化"顶层设计",为建立密切联系群众长效机制提供制度保障。从近几年的实践情况来看,党代表工作室对于从规划建设到有序运转,再到保障功能能够有效发挥等每个环节的探索和推进,大到宏观层面如工作室的功能角色定位、网点布局建设、人员队伍保障、规范有序运转以及民意的反馈落实,小到微观层面如联络员对社情民意的收集、汇总、分类、流转,党代表接访、调研、走访的方式与日程安排等事无巨细的日常工作流程,都需要制定具体完善的政策措施以从制度上保障其长效规范运行。三是要将党内民主制度的进一步完善作为群众路线制度化建设的落脚点。群众路线作为我们党根本的领导作风和工作方法,归根

---

① 胡伟:《政府过程》,浙江人民出版社1998年版,第78页。

到底还是一种政策工具或政策手段。换言之，我们党时刻要保持与群众的密切联系的目的并不在于联系活动本身，而是通过与群众持续不断的沟通和交流，听取社情民意，并且将之传达至相应的决策层，使得各级决策者所制定的方针政策能够更加贴近人民群众的诉求和意愿，从而获取民众对党的认可、支持与拥护。

从这个意义上讲，党代表工作室制度的建立与完善对于群众路线的制度化建设而言，只是万里长征的第一步。决定这一制度能否得到群众的认可从而维持长效运行的关键在于群众到工作室中所反映的问题是否得到有效解决。这就意味着在完善了党代表工作室制度之后，群众路线的制度化建设必须将重点聚焦于落实问题上来，这也许正是中共中央在全面推行党代表任期制的同时又积极推进党代会常任制的目的所在。从广东各试点地区的实践上看，党代会常任制的核心就在于通过落实党代表们在党代会上的提案、提议、质询和询问等各项权利，以保障其在工作室的履职活动中所收集的民意或具有普遍性的重要问题能够在会议上提出，并最终体现到党的决策或决议之中。照此逻辑继续深入推进，那么一个地区的重大决策将很有可能逐渐过渡到由党代会做出，即形成一个诸如"党代表日常履职收集民意、汇总问题→党代会提出议案→党代会表决议案→党代会做出决策"的完整程序链条。

由此观之，如果党代会制度经过试点后在全国范围内普遍推行，必将深刻改变各级党组织现有的以常委会作为重要事项主要决策主体的决策模式，从而进一步推进党的决策机制的科学化、民主化进程。诚然，距离这一目标的实现，我们还有相当长的路要走，包括研究如何处理好党代会、全委会以及党委会三者间的权责关系，以及与民主集中制在内的其他党内民主制度的协调配合等问题，但这至少已经为群众路线的制度化建设指出了明确的方向，即必须以完善党的民主制度为最终落脚点。

3. 推进包括选举、决策、管理和监督在内的人民民主权利在基层的全面落实，是破解村"两委"矛盾的有效路径和发展方向

1949年新中国成立以后，在中国共产党的领导之下，我国逐渐形成了一种融政党于国家并与国家权力高度结合的政治形态。在这一政治运作模式下，政党的各级组织机构遍布全国，按照中央制定的路线、方针、政策，自上而下地将地方机构、社会团体和政治人口"整编"纳入既定的政治框架中，形成行政性的、组织化的政治社会。而体现在与各级行政系统的关系上，则主要表现为执政党通过对社会、经济事务的管理以及自身的组织制度，实现各级政府的权力在横向上集中于政党，在纵向上对上级负责。简言之，就是形成了一套政党与行政系统并行运转的双轨式的运行机制。经过几十年的互动与磨合，在乡镇以上各级政府与党委之间，虽然还有诸多关系有待进一步理顺，但至少已经不存在大的矛盾或冲突。

然而，村党支部与村委会的互动作为这一模式在农村地区的延伸，却在村民自治制度全面推行后面临着极大的困境，主要表现为"两委"间激烈的矛盾和冲突。其原因主要在于，作为农村行政系统的村委会，其成员在产生方式上与政府机关存在着极大的差别。以村民直选的方式产生的村委会，在实际运作过程中显然会因选票的原因更多地维护村民利益，这就难免会与以执行上级党委命令为己任的村党支部发生矛盾和龃龉，加之法律法规上分工的不明晰导致"两委"间围绕村庄公共事务决策权以及各项利益的争斗，二者的冲突也就在所难免。

为此，包括广东省在内的许多地方在推进基层民主政治建设的过程中，选择了经由"两轮选举"或鼓励村党支部书记参选村主任等方式，推进村主任和党支部书记"一肩挑"以及提高村"两委"成员交叉任职的比例，试图以此来消解"两委"间的矛盾和冲突。

毋庸置疑，"一肩挑"以及"两委"班子交叉任职比例的提高显然有利于化解附着在村党支部书记和村主任个体以及"两委"成员之上的利益冲突和权力争夺，也能够带来诸如加强党的领导、提高村委会地位，消除分歧、维护团结稳定，提高办事效率、促进社会经济发展，增强竞争激烈程度、优化干部队伍结构以及减少干部数量、减轻农民负担等方面的好处。①

不过，正如徐增阳和任宝玉所指出的，"一肩挑"虽然有利于村党支部书记和村主任个人间冲突的化解，但对于"两委""组织"和"权力"间的冲突却无能为力。② 因此，"一肩挑"模式更多地应该被视为一种"过渡方法"。③ 更大的问题还在于，"两者完全合一还存在滑向过去人民公社制度时党政高度合一的一元化领导方式的危险。这将会对刚刚发芽成长的村民自治造成极大损害"④。换言之，在民主决策、民主管理、民主监督甚至是民主选举制度还不健全的前提下，村党支部书记和村主任的"一肩挑"实际上极容易导致村民自治蜕变为村干部自治，甚至是村主任（村党支部书记）个人的独断专制。

从这个意义上讲，增城下围村以规范有序的"村民民主议事制度"推进"两委"关系理顺的实践经验就显得尤为重要。面对村庄内部复杂的派系斗争以及由此导致的"两委"矛盾，该村并未简单通过"一肩挑"的方式予以应对⑤，而是通过建立规范有序的

---

① 参见苗佳、邹希元《"一肩挑"的六点优越性》，载《乡镇论坛》2001年第3期。

② 参见徐增阳、任宝玉《"一肩挑"真能解决"两委"冲突吗——村支部与村委会冲突的三种类型及解决思路》，载《中国农村观察》2002年第1期。

③ 参见王春生《现代化进程中农村党支部与村委会关系探究——中山市个案分析》，载《社会主义研究》2000年第4期。

④ 王春生：《现代化进程中农村党支部与村委会关系探究——中山市个案分析》，载《社会主义研究》2000年第4期。

⑤ 实际上，在村庄内部复杂且激烈的派系冲突下，通过正常的选举方式几乎不可能实现"两委"的"一肩挑"。

"村民代表会议"制度,将本该归属于"村民代表会议"的决策权和财务权交还给"村民代表会议",从而初步形成了村党支部领导、村民代表会议决策与监督、村委会组织实施的村级政治运行格局,在保证了村民自治权利的基础上有效化解了导致"两委"矛盾的制度性根源。由此,我们有理由认为推进包括选举、决策、管理和监督在内的人民民主权利在基层的全面落实是破解村"两委"矛盾的有效路径和发展方向。

第二章

优化基层政府行政权

治国安邦,重在基层,核心是党,关键是治。政府治理的有效性有助于强化政党执政的合法性,因此,通过良政善治满足人民群众日益增长的物质生产需求,是共产党巩固领导核心地位的重要保障。由于基层政府与民众生活休戚相关,其治理优劣直接关系到群众满意不满意、高兴不高兴,因而,基层治理创新的一项重要内容是基层行政权优化,特别是基层政府在城乡社区的治理体系完善和治理能力提升。

相较于巩固基层党组织领导权的创新,基层政府行政权优化具有独特目标。首先,从基层的领导权与行政权架构看,党的领导直接贯通至城乡社区,建立了党的基层组织;政府的行政权止于乡镇,基层实施村(居)自治。这样一来，领导权与行政权在基层的架构"一条腿长，一条腿短"。其中，基层党组织未能实际获得基层公共权力或群众授权，以致获得经济性和权威性资源的能力虚化、整合基层社会利益的能力弱化，党的政策完整落地基层面临着结构性制约。因此，行政权必然要以特定形式作用于城乡村（居），从而使党的领导权在基层做实。其次，从人民群众需求与公共管理供给看，群众的生产生活、公共服务、利益分配和矛盾冲突集中于基层，施行自治的村（居）组织并不能完全独立于基层政府之外处置相关公共事务，因此，行政权必然要以特定形式下沉至城乡村（居），从而提供公共服务、处置社会问题和回应群众诉求。最后，从行政和治理改革的规范走向看，中国的基层政府要向责任型、服务型、法治型和效能型政府方向发展，必然需要适应社会发展产生的新需求，不断与时俱进，革新管理体制和运行机制，从而优化治理体系、提升治理能力，进而更好地履行公共服务和社会管理的职责。

近年来，行政权优化的广东实践的重点是推进基层政府的治理适应性变革，其探索在国家推进基层治理现代化中先行一步。这有力地推动了善治广东建设，为全国其他省市推进基层治理现代化贡献了经验。

一、现实背景与逻辑进路

问题是时代的声音，是矛盾的体现，是实践的指引。基层政府具有鲜明的问题意识，基层治理创新体现强烈的问题导向。近年来，广东基层政府在优化行政权方面先行一步与其省情、社情、民情息息相关。改革开放以来，广东依托中央放权的政治机遇、毗邻港澳地区的地域优势和外来人员来粤创业的时代契机，推动经济和社会快速发展。但是，伴随广东经济社会结构深刻变化的是基层生态日趋复杂、社会利益日趋多样、群众诉求日趋多元，以至于现行基层管理模式的局限性越来越明显，基层治理调整匹配经济社会发展步伐的必要性和紧迫性越来越突出。鉴于此，广东各地市戮力探索，围绕治理体系优化和治理能力提升，优化政府行政权。

（一）现实背景

1. 基层治权体系与行政事务管理不匹配

改革开放30多年来，广东经济长期保持着高速增长，社会取得了长足发展，民众生活水平极大提升。然而，近年来，面对世界经济复苏放缓、国内经济下行压力加大、广东省经济活力释放不足等复杂形势，广东经济增速迎来换挡期，开始从高速增长向中高速平稳增长过渡，进入增速换挡、结构优化、动力激活的"新常态"。

在此背景下，经济高速增长时期积累的老矛盾和经济增速放缓产生的新问题陆续涌现，社会日益进入利益格局深度调整期和矛盾冲突凸显期，基层行政管理事务日趋复杂多变，原有治理架构日趋捉襟见肘。

第一，基层管理普遍存在"小马拉大车"的问题。目前，广东地市行政管理体制按照"市—区（县）—乡镇（街道）—社区"构成四级管理，但各级政府职能部门工作层层下压，大量社会行政管理事务落至镇（街道），而相应的职权、财政、机构、编制并未随之下放，导致镇（街道）实际承担的任务远远超过本应承担的职责，各类协助性管理队伍（譬如社区协管队伍）大量存在，其法定性、专业性和规范性存在着不同程度的问题。在此背景下，镇（街道）又以同样方式将事务下放至村（居），导致村（居）实际承担着各类下沉的行政事务，同时还须配合开展各类调查、调研、统计、登记、宣传工作，加之村（居）工作人员数量少、学历低、年龄大的问题普遍存在，基层一线的管理服务幅度和强度极大。

第二，基层村（居）普遍存在"政经混合"的问题。名义上，我国城乡基层存在着党组织、自治组织和集体经济组织等多类建制，但是，在实际运行过程中，"三驾马车"往往合为一体，大部分地区仍然"政经合一"，自治组织和集体经济组织合署办公，实行"一套人马，两块牌子"，加上基层党组织发挥领导核心作用，因而往往村（居）的党政经大权集中于一个组织甚至某一个人。政经合一体制导致自治组织承担着集体资产管理、群众民主自治和社会服务管理等多重职能，在市场社会的利益导向下，容易出现重经济发展而轻社会管理的问题；而封闭性的管理服务体系排斥外来人员进入，容易导致社会融合不畅的问题；更严重的是，权力高度集中又加大了"小官巨腐"和村治混乱的可能性。举例来说，广州市共有行政村1142个，2014年全市"问题村"达124个，占比超过10%，其中村干部腐败涉及金额动辄上亿，农民集体上访、进京上访和群体性事件时有发生,部分村(居)社会稳定危机频现。①

第三,基层社会组织存在"多而不用"的问题。改革开放以来,经济增长改变了利益格局,基层治理主体发生了重大变化。基层除了以党组织为核心的政治主体,以村(居)委会、村(居)民议事会、村务监事会为中心的自治主体,以集体经济组织、专业社为主体的市场主体,还有以社会组织、宗祠理事会、老人组、乡贤会等为代表的社会主体在基层社会陆续发展并大量涌现。以社会组织为例,截至2013年,广东依法登记的社会组织超过3万个,人均社会组织占有量在全国居于前列并已接近国际平均水平,其中,大量社会组织扎根和服务于基层村(居)。同时,由于华南地区具有深厚的宗族传统,基于血缘和地缘发展起来的以经济能人、海外侨胞、乡贤名士为主体的家族宗亲组织发达。但是,这一系列新兴社会主体的作用仍然没有得到充分发挥。随着基层社会利益多元化格局凸显,基层政府依托社会组织协力解决社会问题的必要性也日趋凸显。同时,随着新兴社会组织的政治和社会参与意识不断强化,诉求表达和行动能力不断提升,也日趋要求基层政府改革传统治权体系和创设制度化参与渠道。

2. 基层管制机制与社会利益协调需求不匹配

近年来,由于社会主义市场经济体制尚不健全、民主政治发展有待增强、生态文明建设正在起步,经济增长与社会发展之间的不协调现象日趋凸显,各种人民内部矛盾频繁涌现,博弈冲突日趋显性化、白热化。广东经济全国领先,社会转型先行一步,矛盾冲突更是突出。广东基层政府面对的社会矛盾较为复杂,一线维稳压力较大。一方面,从基层治理队伍的建设上看,广东相对落后。根据

---

① 参见陈毅恩、谢虹《广州扎实治理整顿157个问题村(社区)》,见广东政法网(http://www.gdzf.org.cn/gdsgzdt/gz/201402/t20140224_465823.htm),2015年2月24日。

人口普查统计，2014年广东人口约1.07亿，每万人对应警力为14.1名，仅略高于全国平均水平。另一方面，从社会冲突事件数量看，广东又相对领先。以群体性事件为例，据中国社会科学院发布的《2014年中国法治发展报告》显示，广东发生的群体性事件数量占全国的30.7%，居于全国首位，并仍在高位运行，譬如2015年1—5月广东省公安机关参与处置的群体性事件达926起，广东省、市、县三级信访总量115964件人次。

第一，基层劳资矛盾冲突日趋增多。由于广东是外来务工人员流入大省，且资本处于强势地位、工人处于弱势地位，工厂企业主侵犯工人合法权益的现象（如克扣和拖欠工资、延长劳动时间、加大工作强度等）仍然存在，劳资矛盾较为突出。在经济进入"新常态"的背景下，劳资纠纷、劳资冲突等更是呈上升趋势。以广东省广州市为例，2013年广州中院受理的一审劳动争议案件就达12399件。据某劳工组织的不完全统计，2013年全国罢工次数约730次，其中广东占了近1/3，平均每月超过15次。

第二，基层农村矛盾冲突此起彼伏。由于珠三角地区经济发展起步早，农村土地的经济价值突出，农民的利益观念较强、权益意识较高，在城镇化和工业化进程中，因基层政府土地征用导致的农村集体经济纠纷、土地纠纷、环境纠纷等时有发生。譬如，在土地问题方面，存在农民土地权益受损、征地拆迁冲突、土地流转困境等情况。又如，在环境问题方面，农民针对造成既成污染事实的环境污染源的抗争行为呈现频发化和暴力化特征，针对存在健康风险的"邻避设施"建设的抵抗也日趋频繁。此外，由于基层干部因地涉腐，干部与群众围绕土地征拆、补偿及腐败问题产生的矛盾屡见不鲜，地方宗族势力、家族势力、黑恶团伙、村匪村霸干扰治理造成的冲突也频繁可见，基层农村面临着矛盾叠加、问题和风险增大的严峻挑战。统计数据显示，仅2014年一年，广东省群众到省上访反映农村基层突出问题的批次和人次就占全省上访总量的50%以上。

第三，流动人口管理矛盾冲突增加。改革开放以来，珠三角地区的劳动密集型产业模式吸引和聚集了来自全国其他省份的务工人员，外来人口与本地户籍公民的利益矛盾日趋凸显。具体来说，在珠三角地区，外来人口的数量极为庞大，绝大部分市、县、区和镇、村都存在外来人口数量远远超过本地人口的"人口倒挂"现象。以深圳为例，2013年年末，深圳常住人口1062.89万，其中外来人口比例高达70.79%；以东莞为例，2013年东莞外来人口比例高达77.28%，[①] 而在某些镇（街道）和村（居）一级，这一比例还要更高。对于流入地基层政府而言，由于外来人口数量庞大，城市公共服务承载能力有限，外来人员的数量管控和社会治安管理等需求日渐凸显。这些通过内部移民过程形成的流动人口属于非户籍公民，常常被称为"外地人"。他们与本地人之间因差异化的公民权利和贫富分化等因素而衍生各类矛盾冲突，部分矛盾冲突甚至演化为群体性事件，如增城"6·11大墩事件"、中山"沙溪事件"等。

3. 基层服务供给与群众民生需求不匹配

从全国层面来看，经济的发展客观上提高了居民收入和生活水平，主观上提升了人民群众的幸福感。然而，基本公共服务供给总量和配给结构滞后于社会需求，城乡、区域、群体之间公共服务差异明显的问题仍待解决；群众因资源分配、机会分配、收入分配而产生的不公平感问题仍然突出。随着经济社会的进一步发展，城乡居民的公共服务需求快速增长，公共服务不足、不均、不优等问题进一步凸显，广东的情况更严峻。虽然广东经济发展全国领先，多项基本公共服务指标居全国前列，然而，广东城乡之间、行业之间、阶层之间的基本公共服务供给差距仍然较大。由于"最富的在

---

① 参见《外来人口比例 东莞位列珠三角九市首位》，载《南方日报》2014年12月31日。

广东,最穷的也在广东"的贫富差距的存在以及强者通吃、弱者愈贫的利益结构的影响,广东基本公共服务供给与民生需求不匹配的问题日趋凸显。

  一方面,公共服务供给的充分性和公平性仍然有待提升。例如,在基本教育方面,农村与城镇相比,在教学条件、教师待遇、教师素质等方面相去甚远;医疗方面,广东粤东、粤西、粤北地区与珠三角地区在资源投入、医生素质等方面差距很大;住房方面,城镇中低收入阶层住房需求相对而言难以得到充分满足;公共文化服务方面,农村投入严重不足;外来人口与本地户籍居民在医疗、教育等公共服务供给方面不均;等等。举例来说,2014年广东省城镇居民医疗保障覆盖率为86%,排全国第五位,但农民医疗保障覆盖率则为82%,排全国第21位;2012年,广州、深圳、东莞、佛山等发达地区城镇户籍居民的工伤保险、生育保险、失业保险覆盖率分别为粤东、粤西、粤北地区城镇户籍居民的1.9倍、2.43倍和3.11倍。[①]这些问题极大地影响了部分地区群众对政府服务绩效的正面感知和满意度评价。另一方面,公共服务供给的精准度和有效性普遍不高。近年来,虽然广东各地市不断加大公共服务投入,但是,由于社会群体的服务需求朝着多元化方向发展,数量的提升并没有完全解决需求的对焦问题,社区群众获得的公共服务趋于同质化,服务供给的针对性、精准性等仍有待提升,服务向急需群体传递的有效性也有待加强。除此之外,基层政府几乎成为村(居)公共服务的唯一主体,活跃的社会组织尚未在基本公共服务领域发挥应有作用,服务主体单一化问题也在一定程度上制约了服务供给效能。[②]

  [①] 参见左晓斯、吴开泽《城乡基本公共服务:从服务均等化到制度一体化——基于广东省调查数据的分析》,载《广东社会科学》2016年第6期。
  [②] 参见张学栋、李克章、余贞备等《广东镇域社会管理创新与农村公共服务调研报告》,载《中国行政管理》2012年第3期。

（二）逻辑进路

1. 治理主体多元吁求基层治权体系优化

治权体系优化是基层治理的基础性工作，下大力气做实基础性工作，才能从源头减少矛盾纠纷，提升公共服务。从基层治权存在的"小马拉大车""政经混合"与社会组织"多而不用"等问题看，基层治权体系有待进一步厘清政治主体、自治主体、市场主体和社会主体的权责边界，推动各组织按照各自职能相对独立运作，让党组织更好地领导整个社区，让政府行政服务充分地延伸至基层，让自治组织更好地发挥自治作用，让集体经济组织回归集体资产经营管理，让群团组织和各类社会组织充分地发挥社会服务功能。特别是随着基层社会组织大量涌现、新兴经济组织力量不断增强、村（居）群众参与意愿不断提升，基层治理主体不够多元、自治组织行动受限、协商治理有待强化等问题日趋突出。原有的关于社会组织和基层群众参与的制度规范有待进一步健全完善，外来务工人员与本地居民的融合共治需要建立新的制度供给。

2. 利益矛盾涌现吁求基层管制机制健全

维护基层的和谐稳定是基层治理的核心任务，是政府行政权运作的重要领域。社会矛盾总会存在，化解矛盾必须坚持不懈。当前，广东省基层积累了不少问题和矛盾纠纷，部分已经到了非解决不可的程度。把矛盾化解在萌芽状态，把问题解决在基层，关键是健全基层社会管制机制，从源头上预防和化解矛盾冲突，保障社会公共秩序，包括深化矛盾排查机制、研判机制、化解机制，将各种社会主体的利益诉求和政治参与纳入基层冲突治理的制度框架，使之成为矛盾纠纷的化解力量而非社会问题的激化助力，推动基层社会治理法治化,推动基层维稳制度化、常态化和长效化。

3. 群众需求井喷吁求基层公共服务提升

政治属性与服务功能息息相关,不服务好群众,群众切身利益没有得到满足,群众关心的问题没有得到解决,就难以吸引群众主动跟着执政党走。因此,提供基本公共服务是政府行政权运作的重要领域,加大公共服务投入、拓展公共服务供给必然要求优化政府行政权。其中,加强基层基础保障,确保基层有人管事、有钱办事,推动人往基层走、钱往基层投、政策往基层倾斜,使处于不同权力地位的社会群体均等、精准、高效地获得公民权利和福利,进而提升政府治理的效能性,提高群众的获得感,对强化群众的政党认同具有重要意义。

总体而言,上述三个维度的问题背景与创新需求包含了优化政府行政权的体系架构和运用过程(如图2-1所示),共同指向广东基层治理体系优化和治理能力提升。近年来,广东地市基层政府就此开展了一系列改革创新,积累了诸多案例。

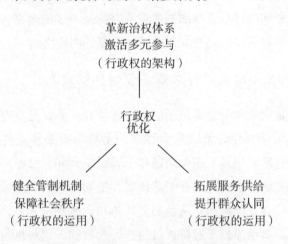

图2-1 基层行政权优化逻辑进路

二、革新治权体系：
改革传统架构与激活多元参与

新中国成立后的很长时间里，中国地方治权架构的核心特征是党的领导权和政府的行政权的触角都延伸至最基层。新中国成立伊始，新政权即推动建立"政社合一"的基层组织体系，在城市以"单位"为基础，在农村以"人民公社"为依托，实现国家对社会的全面渗透。

改革开放后，国家开始为社会"松绑"，激发其活力。在农村地区实行"撤社建乡"并通过法律法规明确国家政权下至乡镇，在城市基层则逐步实施居民在社区内的自我治理，推行民主选举、民主决策、民主管理和民主监督，实行自我管理、自我教育、自我服务、自我监督。

但是，问题在于，当党权的触角以党组织的身份延伸至最基层，而治权的触角未能向下渗透，基层党组织发挥领导核心作用的空间将会受到限制。在此背景下，基层治权在现实操作中以各种各样的方式向下延伸，特别是通过行政组织权威、使用公共财政资源、运用行政动员手段（譬如指示、批示、规定、意见等形式）要求基层自治组织协助完成各种交办任务。随着具有自主参与意识和能力的多元社会主体的兴起，这种传统治权架构的局限性越来越突出，出现"小马拉大车""政经混合"等问题，基层政府如何重构行政管理体系，厘清治理主体的功能定位，梳理基层政府、自治机构与社会组织的关系，激发社会治理参与的活力，成为治权革新的关键问题。

近年来,广东地级市就此有所创新,虽然形式不尽相同,但特点较为一致。即力图推进基层治权体系改革,推进政社分离,突出群众和社会组织的自治主体作用,建立健全多元共治架构。其核心举措包括:平台创设使行政事务管理建制化、载体搭建使基层社会管理网格化、关系重构使基层自治组织实效化和行政驱动使新兴社会组织协作化(传统治权体系及治权体系优化如图2-2、图2-3所示)。

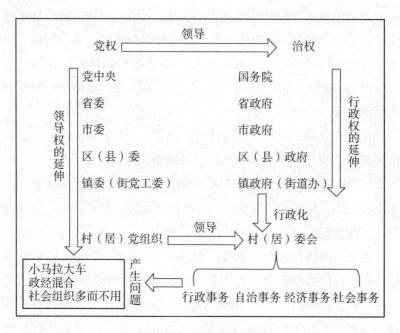

图2-2 传统治权体系

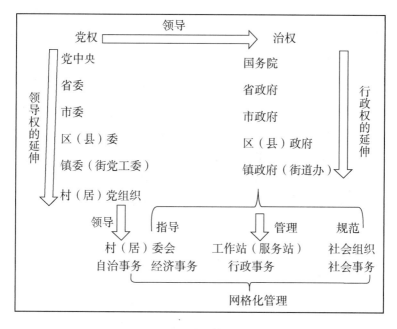

图2-3 治权体系优化

（一）平台创设：行政事务管理建制化

平台创设的主要目的是解决"小马拉大车"问题，核心指向是基层自治组织的"行政化"。20世纪80年代以来，国家大力推进基层治理和社区建设，通过培育新型控制机制代替在市场经济条件下有所弱化的单位控制机制，从而推进社会管理。在此背景下，基层自治组织成为一个治权向下延伸的首要依托，基层自治组织（村委会、居委会）在实际工作上既对社区居民负责，又须完成政府交办的任务，自治职权和代理职权交叉。① 在实践运行过程中，基层

---

① 参见向德平《社区组织行政化：表现、原因及对策分析》，载《学海》2006年第3期。

自治组织"行政化"的问题不断凸显且日趋严重。其中,行政部门通过管理服务事项下沉、管理属地化等方式向自治组织下达任务、部署工作,将原本隶属于行政管理的工作事项下移办理,使得行政协助性事务成为居委会和村委会的主要工作内容,自治组织成为基层政府的"腿"——工作职能"行政化"、工作方式"机关化"、工作资源"财政化"、编外人员膨胀等现象非常普遍。[①]

正因如此,基层治权体系优化的普遍性问题之一,就是如何厘清行政与自治的边界,明晰基层政府在社区的行政管理事务与基层群众自治组织自治事务的分界线。就广东的基层探索而言,绝大部分实践都包含对基层存在的党组织、自治组织(如居委会、村委会)、经济组织(如经济合作社、物业管理公司)、驻社区单位等组织或服务平台的重新定位,使其各归其位,逐渐形成行政权力与自治组织、社会组织、经济组织各司其职的多元治理架构。这一基层行政体系创新架构在不同地区的探索过程不尽相同,但在推进行政平台事务化方面却具有较强的一致性。

1. 建立社区行政服务机构,专司公共服务和管理职责

为转变基层政府职能,加强基层政府能力,改变自治组织行政化问题,各地普遍建立政府行政服务在社区的延伸机构和便民平台。这些社区行政服务平台设置大多采取"多社区一中心"和"一社区一中心"两种模式。前者是社区行政服务中心以多个社区为服务范围,由镇(街道)直接管理;后者是社区行政服务中心设在社区内,以一个社区为服务范围,接受社区党组织和社区居委会的统一领导和管理,由社区党组织书记兼任中心主要负责人。无论是前者还是后者,社区行政服务中心大多实现了对群众的"一站

---

① 参见徐昌洪《社区居民委员会行政化及其治理研究》,载《社会主义研究》2014年第1期。

式""一窗式"服务,让群众少跑路、好办事。譬如,广州市越秀区着眼于行政事务的专门化处理,社区工作站为居民提供劳动保障、社会救助、计划生育等五大类数十项公共服务。东莞全市以"一村一中心"或"多村一中心"建设社区政务服务中心,承接行政协助性工作,同时建设社区综合服务中心,提供福利性、公益性服务。中山市各社区组建一个农村社区建设协调委员会,搭建一个社区服务中心,内设"四站四室",即公益事业服务站、环境卫生监督站、志愿者服务站和农技服务站,文体活动室、计生卫生室、治安警务室、法律服务和维稳工作室。

2. 剥离自治组织的行政事务,使之回归自治本职

例如,广州市保持"一队三中心"工作机制不变,将街道现有政务类工作和事务类工作分开,逐步将政务类工作上收至街道,将事务类工作下沉至社区公共服务站;同时,实施"站居分设"运行模式,社区公共服务站归街道办事处领导。深圳市罗湖区制定社区综合党组织、社区居委会、社区工作站和社区服务中心工作清单,建立社区行政事务准入制(并实施权随责走、费随事转),同时取消部分行政工作事项及撤销考核,从而减轻社区行政事务承接方的负担。

3. 调整社会管理幅度,使基层抓手因地制宜延伸

以东莞市为例,其村级管理体制改革包含调整村(居)管理规模[具体是鼓励各镇(街道)对户籍人口较少、已统筹组级经济的村社,户籍人口在 1000 人以下的村社等进行村民小组撤并],优化社会管理层级。再如,清远市农村综合改革则强调"重心下移",依托自然村一级的村民理事会,按照地域相近、利益相关、文化相连、模式适度、群众自愿进行社会自主管理,使行政村和自然村之间的功能有进一步合理的分工。

总体而言，平台创设的重点是让行政事务管理实现专门化，从而将原来由自治组织承担的各类行政协助性事务剥离，使服务站（工作站）成为基层政府行政工作和治权体系的延伸，承接原本政府指定自治组织承接的信息统计和社会管理等任务，并协助街道办事处及区级相关部门开展综治、维稳、信访、安全生产、计划生育等工作。

时至今日，上述实践仍在不断深化。部分地市政府开始推动社区工作站的布局和任务调整。以深圳市为例，政府要求在城镇化程度较高、管理幅度不大的区域适当整合社区工作资源，开展社区工作站合并试点；而在城镇化程度不高、管理幅度较大的区域探索建立、完善"一站多居"的管理体制。同时，地方政府还进一步削减、调整工作站行政事务，建立社区工作的准入制度。

（二）载体搭建：基层社会管理网格化

公共服务站的建设为村（居）"去行政化"提供了依托，也使治权力量能以服务的形式下渗至最基层。近年来，按照党的十八大、十八届三中全会关于"创新社会治理体制"的精神，广东部分地市在健全基层行政服务的同时还着力强化社会管理的主动性，特别是搭建以"网格化"为重点的基层社会管理载体，从而建立"横向到边、纵向到底、全面覆盖、无缝衔接"的服务管理网络，使政府的行政权在基层得以全面延伸。

网格化管理是基于精细化服务、精准化管理理念产生的基层治权改革模式，核心是对原有村社管理体制和基层管理资源进行一定程度的整合重构，具体是以一定的标准划分、设置基层服务管理的基础网格，配备专门的网格员，负责网格区域内各类居民和组织的信息采集、事件排查与巡视监督，进而及时掌握居民诉求，并对重点人群和重大隐患进行事前干预和防控。① 目前，珠三角地区大多推行网格化管理，相关探索总体上具有相似性。

1. 合理设置网格

包括因地制宜规划网格，主要按照管理便捷、无缝衔接、一格多用等原则，依据地域面积、地理界限、人口密度、区域特点和管理习惯等因素，将网格按照住宅区、商业区、工业区和混合区等类别进行划分，原则上大多按照住宅区 200～500 户设置一个网格，商业区、工业区和混合区等其他区域则因地制宜进行设置。

2. 健全管理队伍

一般而言，网格化管理主要是发挥社区服务中心的综合管理职能，依托各级信息技术平台，以"网格"为单元，推进人、地、物、事、组织的管理和服务工作，因而必然涉及原有基层管理（如流动人口管理、计生等）队伍的整合。各地在实践探索中大多以社区服务中心领导成员为网格负责人（或称"网格长"）、社区工作人员为网格管理员，并对现有的基层管理人员、设备、信息等进行整合，将执法资源和服务资源一并纳入网格，实现协同管理。

3. 规范网格管理

珠三角地市在实践探索中，大多强调网格管理清单制和信息化。一方面，通过梳理职能部门的入格事项，完善职能部门和镇（街道）的清单，通过"必选＋自选"的方式形成完整、全面、标准的管理服务综合清单，并建立入格事项的申请、审批、调整和取消等规范化程序。另一方面，通过"互联网＋政务"的方式，推广

---

① 参见陈晓运、姚森隆《居委会"去行政化"：实践、问题与对策》，载《广东行政学院学报》2015 年第 4 期。

应用大数据技术，建立分析决策库、人口库、法人库、政务库、城市环境库、产业经济库等系统，共享公安、民政、卫生、计生、流动人口管理等社会服务信息，将网格中的人、地、事、物、组织等信息纳入数据库管理，建立手机终端APP等服务平台。

4. 强化党建引领

网格化管理是治权革新的一项举措，其目标是不断巩固和加强党对基层治理的领导，因此，强化其党建引领是应有之义。譬如，佛山市南海区在广东省率先开展驻点普遍直接联系群众制度，并以此为统筹，发挥驻点团队的引领作用，主动融合网格化建设，构建"直联+网格化"互融共进工作机制，调动基层党员、社区志愿者等基层力量参与网格化社会治理。

以此为基础，各地市在创新探索过程中还不断强化网格化管理在基层有效运转的多样性。举例来说，广州市于2012年开始在越秀区试点，并于2014年在全市铺开网格化管理。其具体做法是按照特定户数划分基础网格，每个网格配备1名网格员，将社会服务管理事务全部纳入网格化管理；同时，建立1支以社区专职工作人员为骨干的网格员队伍，实行对社区群众需求的发现识别、上报请示和协助处理等措施。在实际操作中，各个区还结合自身实际形成了各自的网格化管理和工作方式。（见表2-1）

表2-1　广州市网格化管理方式列举

区域	特征	操作
荔湾区	居民+街道+物业	以冲口街为例。该街结合街道"一队三中心"的建设,把人员、事权、财权等资源下放到了社区,使社区管理队伍涵盖了专区民警、城管队员、出租屋管理人员、环卫工人等,推行"网格化管理、组团式服务",建立起以社区居委会为引擎,片长带动,物业管理公司、楼长（巷长）、党员基干、志愿者参与的"1+1+4"网格化管理方式,以100～150户为单元,将整个社区划分为12个"网格"进行管理
番禺区	居民代表+楼长	以钟村社区为例。该区分成29个居民小组,选出居民代表55人,同时根据一楼设一楼长的原则,选出了20位有影响力的楼长,让他们在了解社情民意的同时做好各小区的卫生工作,使社区各方面的管理实现网格化
黄埔区	互联网+大网格	设置"网格长—副网格长—综合网格员"三层次管理体系。其中,网格长由街道机关工作人员担任,负责牵头协调解决网格排查出的问题；副网格长由社区居委会专干担任,统筹、参与网格巡查；而最后一层次的"综合网格员"是每个网格的直接负责人。同时,将网格化与信息化结合,打通各个单位的信息壁垒,并为每位网格员配备专门的平板电脑,用于基层资料的收集以及问题的解决。以黄埔区怡港社区为例,社区内所有房屋都在网络系统以三维仿真地图的形式呈现
越秀区	互联网+小网格	全区267个社区划分成1879个网格,将人、楼宇和城市部件等要素在网格内精细划分,将社会服务管理十大类78小项事务、城市管理十二大类121小项事务全部纳入网格化管理；同时,搭建以网格为核心的社区事务群众参与平台,开通市民网页的网格化专栏、网格微博和网格QQ群,在网格内成立社区居民意见咨询委员会等

（三）关系重构：基层群众自治平台化

尽管行政事务管理建制化使得村（居）委会等自治组织从烦琐的行政事务中抽离出来，但随之而来的是如何规避自治组织的"边缘化"和"空壳化"，并使之成为支撑政府行政权在基层有效运转的抓手。在社会价值多元化、利益多样化的背景下，党委、政府需要延伸治理触角、促进政策执行和管理落地，自治组织作为党权和治权延伸的触角的功能只能加强、不能削弱。

从实践上看，村（居）自治有效支持基层行政面对的主要问题有两个方面。一方面，若村（居）要实现自治，首要问题是基层民主选举必须跟进落实，以免村（居）代表性不足，自治组织逐渐被"边缘化"；另一方面，由于"钱随事走"，自治组织"去行政化"后，行政资源势必削减，其汲取社会资源的合法性则须政策确认，资源匮乏将可能使自治组织逐渐"空壳化"。因此，自治组织有效运转的核心是在以往行政资源和动员的支撑之外发挥引导社区自治的功能，并成为支持和配合政府服务管理的重要依托。

针对上述问题，广东地市政府的常见举措是构建群众自治的实质承载，即由自治组织通过搭建平台、提供资源和构建规则，发挥凝聚、动员和引导的功能，组织群众履行公共事务决策权、资源处置权、服务管理考核权和民主监督权，激活专业化社会工作服务机构以及其他社会组织的治理参与热情。其中，治权优化的创新探索的核心是重塑村（居）民自治组织的角色定位，即在管理过程中，政府部门将社区公共事务决策权、社区资源处置权、服务管理考核权、民主监督权等本属社区全体群众的权利回归来源。以此为支撑，各地着力推行让村（居）委会真正成为群众自我服务、自我管理和自我教育的组织的各类举措。

1. 强化村（居）民多元共治机制

在原有村（居）民自治体系的基础上，建立社区事务联席会议或者社区事务理事会等协调共建机制，增设监督委员会，形成议事—决策—执行—监督的社区自治体系。鉴于此，基层实践探索建立了包括村（居）民议事会、村务监事会、社区楼长协会、信息员等制度，由此组织居民参与社区公共事务的决策和管理，让更多的居民参与到社区相关事务的讨论和执行中，并通过居民的互动、开展自助互助服务和社区公益项目，整合社区力量促进社区的融合与发展。譬如，深圳市盐田区等地设置社区综合党委作为社区各种组织和各项工作的领导核心，在所属街道党工委领导下开展工作。建设社区工作站、社区民意表达工作室、社区居委会、社区服务站等组织。社区居委会承担居民自治工作，并联动社区民意表达工作室（部分加挂"党代表工作室、人大代表联络站、政协委员工作室"牌子）。

2. 健全村（居）民自治参与机制

按照共同享有、共同建设的要求完善社区居民自治规章，健全社区居民会议制度，规范社区民主决策程序，推动社区居民自治的制度化、规范化。譬如，在城市基层治理中，由于"社区人"相比"单位人"的异质性更为明显，"社区人"的需求存在更强的多样性和差异性，因此，拓宽社情民意通道是及时、有效回应多元化、多层次需求的重要途径。部分地市（如佛山市南海区）基层自治组织就探索民情信箱、社区热线、网上论坛、社区听证会、恳谈会等民主决策、民主管理和民主监督新形式，发挥村（居）委会作为沟通居民和政府的桥梁的作用，使之更好地收集和反馈社情民意，成为上传民意、下达政策的渠道，协助政府部门问需于民、问计于民、问效于民。

3. 优化村（居）民自治队伍建设

如广州市越秀区整合社区管理服务队伍，吸收有影响力的驻社区单位党组织负责人作为社区居委会党组织的兼职委员，大力培育社区领袖，建立完善片长、楼长、层长等社区居民自治组织；实施编外人员整合，将街道编外人员分设"管理协管类""服务协助类"和"社区志愿类"岗位。再如，深圳市罗湖区由居委会组织居民议事会对专业社工机构运营的社区服务中心进行项目遴选、工作指导和工作监督；同时，设立社区基金，由罗湖区财政局给每个社区居委会定额投放资金作为社区基金的基础资金，专门用于社区居委会培育和发展社区社会组织，同时建立社区居民议事机制（包括议事制度、议事会等）对社区公共事务进行决策。又如，深圳市罗湖区文华社区居委会依托社区基金会等制度，为社区社会组织发展提供活动场地、财务管理等便利，进而培育社区群众文化体育团体、志愿服务团体及公益类、慈善类、互助类社会组织；同时，选拔培养活跃群众成为社区骨干，推动邻里守望互助和社区公益活动品牌建设。

由此，村（居）委会逐渐成为聚集社区群众和社会组织的平台，并建构了作为自治组织的五种功能。一是"民权代表"，即成为群众权益的"代言人"。二是"民意中枢"，即成为社情民意的"集散地"。三是"民议众筹"，即成为社区参与的"领路人"。四是"民事调解"，即成为矛盾纠纷的"和事佬"。五是"民间枢纽"，即成为社会组织的"聚居地"。这一角色转变保障了社区群众、社会组织的参与权、表达权，促进了基层群众依法自治。

（四）行政驱动：新兴社会组织协力化

社区社会组织是居民社会参与的重要平台，是社区服务提供的重要主体。与政府部门、市场企业和村（居）委会相较而言，社区社会组织具有公益性、志愿性、组织性和专业性等特征，它们在提供某些社区群众的公共服务需求中具有特定优势，是政府减轻财政支出负担和提升公共服务效能的重要依托，也是基层治权体系优化和基层治理能力提升的重要内容。

从基层治理的现实需求出发，解决新兴社会组织"多而不用"的问题，优化基层治权体系，至少包括两个层面的内容。一方面，从基层党委、政府对新兴社会组织的培育发展出发，必须通过细化政府购买服务的相关政策规范，将社会组织纳入竞争承接社区公共服务的范畴，使之在公共服务和管理过程中发挥应有的作用，从而强化政府行政管理的有效性。另一方面，从基层党委、政府对新兴社会力量的管控规范出发，社会组织参与治理的过程势必要纳入现行制度框架之中，必须使党组织、自治组织（居委会、村委会）成为社区社会组织的指导者、引领者和规范者。以此为基础，基层政府以行政驱动的方式使新兴社会组织成为治理的协作者。其主要包括三项举措。

1. 出台规范发展的相关法律法规

在广东陆续出台《政府向社会组织购买服务暂行办法》《政府向社会组织转移职能目录》《政府向社会组织购买服务目录》的基础上，地方政府也积极推动出台相关培育扶持政策。譬如，广州市出台了《广州市募捐条例》《中共广州市委、广州市人民政府关于学习借鉴香港先进经验推进社会管理改革先行先试的意见》《中共广州市委、广州市人民政府关于加快推进社会工作及其人才队伍发展的意见》《关于印发〈推进我市社会管理服务改革开展街道社区综合服务中心建设试点工作方案〉的通知》等一系列政策；深圳市出台了《中共深圳市委、深圳市人民政府关于加强社会工作人才队伍建设推进社会工作发展的意见》及七个配套文件（简称"1+7"

文件），对推进政府购买社工服务、社工人才队伍建设等进行了制度性安排。

2. 大力培育发展基层社区社会组织

在深圳、广州等地的探索中，基层政府通过为社区社会组织提供活动场地、链接政府资源、筹集社会资源等支持社区社会组织发展，指导和支持各类社区社会组织开展社区公益和志愿服务。譬如，政府购买社工服务在中山、深圳等地迅猛发展。截至2014年上半年，中山市建立村级社工站54个、驻站社工250多人；同时各村志愿服务队陆续成立，积极开展帮教、维稳、睦邻等社会公益服务。截至2014年年底，深圳市登记在册的民办社工服务单位共135家，持证社工人员达7070名，其中从业人员由2007年的96人增至5268人。

3. 推进社区社会工作和志愿服务

广州、深圳、佛山等珠三角地区的发达城市着力建立社区现代社会工作制度，建立社会工作人才培养、评价、使用和激励机制，鼓励社区居委会委员和社区专职工作者参与社会工作知识技能培训、社工职业资格考试，促进基层社会管理与服务方式转变。部分地区（如广州、深圳、中山、惠州）则强化社工与志愿者的合作，推进社工与义工的"双工联动"以及社区、社工和社会组织的"三社联动"，推广社工引领、培训、督导志愿者模式，提升社区志愿者服务水平。

三、提升治理能力：
健全管制机制与保障公共秩序

基层行政权优化的第二项重要内容是实现对社会矛盾冲突的有效管制，从而保障社会公共秩序，即"维持社会稳定"。这主要包含两方面内容。一方面，尽量"少出事"，最好"不出事"。由于基层政府不仅任务多、担子重、经费少，而且面临信访工作考核"一票否决"的考评压力，加之社会管理能力弱化、干群关系日益紧张、上级维稳要求不断加强，① 不惜代价确保不出"大事情"成为基层政府的底线任务定位，即不发生冲击地方经济和社会秩序的重大群体性事件或舆论事件。② 另一方面，若是出事，要能摆平。当前，基层政权不得不面对社会矛盾冲突频发的现实。在此背景下，普通公众挺身而出，要求给个"说法"，他们常常援引各种国家法律和政策文件作为行动依据，同时倾向于动员媒体和社会舆论支持；而基层政府则相应地发展出一套"摆平理顺"的治理术，包括避免事态声张扩大的"捂盖子"、打击行动积极分子的"拔钉子"策略等。③

---

① 参见贺雪峰、刘岳《基层治理中的"不出事逻辑"》，载《学术研究》2010年第6期。
② 参见钟伟军《地方政府在社会管理中的"不出事"逻辑：一个分析框架》，载《浙江社会科学》2011年第9期。
③ 参见应星《大河移民上访的故事：从"讨个说法"到"摆平理顺"》，生活·读书·新知三联书店2001年版。

问题在于，市场改革引发的社会转型的负面后果不断凸显，"不出事"和"能摆平"日趋困难。由于推进公平分配的社会制度安排尚未完善，利益集团的板结化使得腐败难以根治，贫富分化日趋加剧，民生与社会发展议题（如环境、劳工、教育、健康等问题）长期得不到解决，民间累积了许多不满，导致政府与群众关系紧张，乃至发生冲突。随着社会冲突日益频发且对抗性、暴力性和仿效性不断强化，基层秩序管控优化的治理需求日趋凸显。

在此背景下，健全管制机制成为保障社会稳定的重要内容。一是要加强社会风险排查，社会稳定"抓小、抓早、抓苗头"，使不稳定因素最大限度地化解在萌芽状态，消弭于矛盾未发、问题未现之时，争取"不出事"成为基层政府秩序建构工作的常规要求。二是要健全利益协调机制，"快、准、稳"应对社会矛盾，避免小隐患、小问题和小矛盾演变为大冲突、大问题、大事件，成为基层政府回应群众诉求的主要做法。三是要健全危机稳控机制，避免群体性事件持续化、扩大化、扩散化和变异化，成为基层政府处置群体性事件的重要指向。这三个方面构成了健全基层管制机制的基本内容（如图2-4所示）。

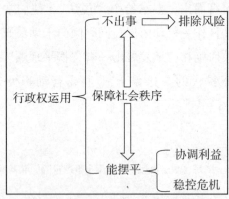

图2-4　健全管制机制的基本内容

(一)避免出事:健全风险排查机制

社会矛盾纠纷的风险排查是维护基层社会稳定的第一道防线。近年来,广东基层政府日趋重视加强对日常社会问题的收集梳理、对重大事项决策的风险评估,预先研判管理风险,找准趋势性、苗头性隐患,避免突发性问题,从而削减社会不稳定因素。

1. 健全风险排查化解的综治信访维稳平台建设

一方面,从全国范围来看,基层政府常常强调立足"小事不出村(居),大事不出镇(街道)",针对日常矛盾纠纷,建立"联调"机制,重视建立上下联网、横竖到边、全方位的"大综治、大维稳、大调解"的工作格局。广东建设综治信访维稳平台正是其中典型的制度创设。其核心是整合基层综治、信访、司法等方面的维稳资源,分设县、镇两级综治信访维稳中心和村级综治信访维稳工作站,简称"三级维稳平台",主要功能是接待群众诉求、受理综治信访事项、联调联处矛盾纠纷、督促化解措施落实、建立规范台账档案等。另一方面,近年来,广东基层政府不断优化三级维稳平台体制机制建设。譬如,惠州市惠城区建立三级综治信访维稳中心(站),由政法、综治、信访、司法、检察等部门合署办公,矛盾纠纷排查工作由维稳中心牵头组织,综治办和工作站具体实施。其中,综治办负责对排查出来的矛盾纠纷问题进行分流处理,同时,对部分社区矛盾纠纷排查实行"零报告"制度,即经排查没有问题的社区也要上报记录在案。鹤山市由综治办组织协调、司法和信访部门主导,建立市矛盾纠纷调处指挥中心、镇(街道)矛盾纠纷调解中心、村(居)调解室。东莞全市建设30余个综治信访维稳中心,以司法为基础,统一将综治、信访、司法部门集中办公,大多数镇(街道)根据自身实际将流动人口和出租屋管理、人力资源、社保、工会等部门纳入维稳中心集中办公,并建设了597个村(居)工作站和132个规模企业工作室;中心同时设法律援助处,全市法律援助工作站691个,法律援助联络员955人,基本实现了法律援助市、镇、村全覆盖。此外,东莞市基层法院、基层检察院派出134名干警联系镇(街道)中心工作。①

2. 健全风险排查的常态信息监控机制建设

第一,广东各地市按照属地管理、分级负责和谁主管谁负责的原则,完善以县区为主体、党委政法委(党委维稳办)牵头抓总、职能部门主管负责,上下联动、齐抓共管的社会矛盾排查化解工作格局。部分地区强化领导干部对维稳问题的直接指导和介入。例如,惠州市惠城区明确市、县(区)、乡镇(街道)三级领导挂钩定点和分片包干机制。韶关市仁化县则建立"民忧档案"制度,镇、村干部每月至少走访一次农户,回收、补发"民忧卡",分类建档,分级负责解忧销账,镇、村指定专人督办。再比如,广州市石滩镇为解决干部难以日常化、常规化和经常性介入基层稳控问题,改革一个干部挂多个村的"大片制",按照"大村一村一片,特殊村、重点村一村一片,其他村一般两村一片"的思路,细分片区,配足片长、党建指导员和部门驻村责任人。

第二,部分地市建立完善由党委主要领导和分管领导分别主持召开的半年、季度及月份维稳形势分析研判会制度,定期对本地区本部门社会稳定形势进行分析研判,同时不定期开展专项性风险排查活动。譬如,揭阳市每年确定1~2个主题,集中力量和时间重点开展涉农、涉环境、涉军等行业性、地域性矛盾纠纷的排查与化解。又如,中山市实现从"出了问题再打击整治"的浅层"控乱"

---

① 参见程癸键《东莞建镇(街道)综治信访维稳中心,推进基层社会治理》,见http://news.timedg.com/2015-01/10/20035507.shtml,2015年3月20日。

式管理向"不让问题发生"的深层"创无"式治理转变,开展无医闹城市、场所无"三害"(指毒、赌、黄)城市、无"三非"(指外国人非法入境、非法居留、非法就业)城市、无假药城市、无"黑恶"镇区、无传销城市、无毒害社区、无邪教镇区创建活动。

第三,部分基层政府开始依托媒体和大数据技术进行专题性风险排查。珠三角地区经济较发达地市和县区普遍自行建立或依托媒体建立舆情监测和数据分析机制。统计数据显示,南方报业2014—2016年建立了"省—地市—县区—乡镇"的四级用户网络共150个,仅2015年就生产舆情报告1805篇。① 可见,广东基层政府在运用大数据监测和研判社会风险方面着力甚大。

3. 强化风险排查的联防联控参与机制建设

第一,广东基层政府着力建立指导在区、主抓在镇、主体在社区的三级联动机制,其风险排查机制建设越来越重视对社会人际网络的运用。佛山市禅城区创设治安的"物联网",由派出所派出民警为联络员,协调辖区物业安保人员组成巡防队伍"物业联勤会",从而破解城市基层警力不足的问题,推进治安防范资源形成合力。惠州市在全市推行军警共建,建设情报信息联通、互涉案件联办、矛盾纠纷联调、突出治安问题联治、社会治安联防、业务技能联训机制,发挥和拓展民兵预备役部队、复退军人等力量在群防群治工作中的作用。② 肇庆市端州区由派出所、驻区单位与社区签订《治安综合治理目标责任书》和《"警企联巡联防"协议书》,同时全部社区均设立群众工作站,将矛盾纠纷调解关口前移至社区。

---

① 参见蓝云《"数据+舆情"两轮驱动,南方报业两年营收7000多万》,载《中国记者》2016年7月13日。

② 参见《惠州军警签约共建"平安惠州"》,载《南方日报》2016年7月21日。

第二,珠三角地区的基层政府越来越重视网格化在社会管理过程中的作用发挥,强化依托网格化推进社会风险排查和秩序管理的手段。例如,广州市越秀区应用网格化管理于风险排查,具体就包括"发现告知"(社区网格员负责社区日常工作巡查,发现问题后就立即通知上报)和"调度派遣"(社区对网格员上报的问题,根据问题分类和责任分工通知有关单位负责处理)等。

第三,越来越重视风险排查中的信息技术运用。例如,韶关市仁化县整合综治、信访、司法、公安、民政、法庭及其他有关行政管理部门和社会团体的力量来标准化建设镇级综治信访维稳中心和村级综治信访维稳工作站,并重点建立县各部门、镇(街道)、村(居)三级社会管理服务电子信息网络系统。东莞市厚街镇等地建立基层社会治理网格化信息大平台,重视网格化与信息化和大数据的结合,形成基层"微治理"网络。深圳市则加强巡逻勤务手机APP开发,推进治安可视化系统建设,开发勤务派勤、督导检查、掌上查看、掌上反馈、效能自动统计等功能,同时以情报分析研判为依据,根据敏感时间节点、等级勤务、治安动态等情况,合理配置路面警力,实时调整巡逻勤务,提升发案较多的重点防控部位的防控能力。①

(二)小事化了:健全利益协调机制

利益协调是化解社会矛盾、避免"小事闹大"的重要举措。党的十六届六中全会提出建立"党委领导、政府负责、社会协同、公众参与"的社会管理格局,党的十八届三中全会则进一步提出"创新社会管理体制",推进"党委领导、政府负责、社会协同、公众参与、法制保障"。近年来,广东省各地政府在探索创新过程中紧

---

① 参见《"巡长"有权指挥各种路面警力》,载《南方日报》2016年6月2日。

密结合中央的有关要求,进一步健全镇(街道)人民调解、行政调解、司法调整衔接机制,同时加强专业性、行业性调解组织建设,着力加强社会力量参与社会利益协调的主体作用,积极推动第三方参与矛盾调处化解。

1. 强化利益相关者参与利益协调机制

充分利用传统社会和文化体系中极为发达的"调解"机制,如邻里调解、家庭调解、宗族调解等,这类调解具有群众性、民间性和非官方性的特征,对促成矛盾解决主体多元化、方式社会化、机制多样化和人员专业化具有重要作用。群众参与机制被广泛运用在基层纠纷处置、公共资源分配等领域。例如,云浮市在全市推广"乡贤理事会",共计培育发展自然村乡贤理事会8243个,有理事成员7.3万人;同时,在自然村(居民小组)设立民间调解员,聘请威信高、地缘熟、懂法律政策又热心肠的理事会成员和老教师、老干部、老党员、老军人、老父兄等"五老"担任调解员,在调解中充当"和事佬",并建立调解员备案、培训制度,赋予民间话语权,直接处理发生在群众身边的矛盾纠纷。东莞市沙田镇虎门港设立"和事佬"调解工作室和联席"会诊"制度,整合社工、社区社会组织带头人、物管、专业律师、医生、心理专家等组成"和事佬"大调解队伍,精准调解熟人纠纷。① 惠州市惠城区采取信访问题"会诊"办案会制,成立由区级以上人大代表、政协委员、党代表、公职律师、社会名流、在群众中威望高或上访群众信任的科级以上干部组成的"听证团",参与"会诊"办案会,推进"让群众来做群众工作"。

---

① 参见郭文君《社区"和事佬"精准调解"熟人"纠纷》,载《南方日报》2016年8月31日。

2. 优化基层社会组织参与协调利益机制

一方面,利用社会组织自身贴近群众的天然优势,主动分担社会治理责任,以灵活多样的工作方式,使矛盾纠纷可以及时降温或消除,不需要政府直接出面协调,减轻了行政管理压力;另一方面,对于社会组织未能提前介入或化解的矛盾纠纷,由政府部门评估研判后,根据事件性质、内容、类别、属地等引导社会组织参与疏导和调处。例如,广州市在城市综合整治、固体废弃物处理等治理领域创设公众咨询监督委员会,出台文件明确公众咨询监督委员会主要负责重大决策事项的意见征集、过程监督、矛盾协调和工作评价四个方面工作。考虑该制度在同德围社区综合整治等领域的探索取得了良好成效,《广州市重大民生决策公众意见征询委员会制度(试行)》规定:"凡关系市民切身利益且涉及面广的重大民生决策事项,原则上均应成立公众意见征询委员会,先征询民意,后做决策。"佛山市顺德区创设"公共决策咨询委员会",委员通过单位或个人推荐、内部物色、公开征集等方式产生,都是来自社会各专业领域的杰出人士。他们的主要职责是对全区经济社会发展战略决策、公共政策、重要项目安排以及其他公共事务、议题进行咨询论证与评价分析,提出可行性建议;收集、分析和反馈社情民意;对重大事项和突出问题组织课题研究;等等。佛山市顺德区区镇两级共建设类似决策咨询机构30家,其中,区级决策咨询机构4家、区属部门成立的决策咨询机构16家、镇(街道)级别的决策咨询机构10家,全区十镇(街道)全部成立公共决策咨询委员会,并发挥了群众参与利益协调的良好作用。潮州市全市推广建立"乡贤咨询委员会",引导乡贤弥补基层政府和自治组织在公共决策、公共服务方面的不足,发挥补位辅助作用。

3. 强调以法治思维和法治方式协调利益纠纷

为推进利益协调和矛盾化解的法治化程度,"律师下乡"成为广东多个地级市普遍采用的创新方法,主要体现为建立"法律顾问"制度。该制度的核心是将法治元素导入基层治理,将法律人才、法律服务等引入乡村,从而把侧重于宣传的"法律下乡"深化为侧重于实践的"律师下乡",并不断提升其专业性、公益性和制度化、规范化水平。这一类实践发端于惠州市 2012 年推行的"法制副主任"制度,即给每个村(居)配一名律师担任法制副主任,为村民提供法律咨询服务,指导村民依法维护权益。其后,各地皆有仿效。例如,江门市鹤山就建立了"昆仑法律顾问团",由鹤山籍从事法律工作且愿意热心无偿为群众服务的人士组成,通过咨询、讲座、宣传等方式,帮助村民解决农村合同、交通事故、劳动就业等方面的法律专业问题,引导村民依法依规处理纠纷。东莞市虎门镇则建立了虎门平安建设促进会、法学会和访前法律工作室,调动律师、社区法律顾问、司法社工等第三方力量参与调解各类劳资纠纷和工程纠纷。①

(三)大事摆平:健全危机稳控机制

1. 加强社会稳定风险评估

在"稳定压倒一切"的原则指引下,基层政府秩序管制的重点还在于防控社会群体性事件的发生,特别是围绕重大决策、重大政策、重大项目、重大改革措施的制定实施产生的群体性事件风险。

---

① 参见郭文君《借力第三方调解组织化解社会矛盾,虎门信访总量同比下降 32%》,载《南方日报》2016 年 11 月 18 日。

近年来，广东各地基层政府按照《中共广东省委办公厅、广东省人民政府办公厅印发〈关于全面推进和深化我省重大决策社会稳定风险评估工作的意见〉的通知》要求，着力推进重大事项社会稳定风险评估，以利益调整、经济补偿、公共安全、环境影响等易引发社会稳定风险的事项为重点，举凡基层社区经济发展中事关群众切身利益的重大决策（如土地征用和拆迁补偿），涉及相当数量群众切身利益的重大改革（如企业改制重组），涉及较多群众切身利益且被国家、省、市、区拟定为重点工程的重大项目等（如公共服务设施和工业项目等选址、征地和建设），皆要求开展合法性评估、合理性评估、可行性评估和可控性评估。其中，可控性评估强调对是否存在引发群体性事件可能的苗头性、倾向性问题，是否会引发社会负面舆论和恶意炒作，是否有相应的预测预警和应急处置预案等进行事前评估，量化社会稳定风险等级并以此作为政府决策的重要依据；与此同时，建立评估责任追究和决策责任追究制度。

2. 构筑新闻网络施政机制

据中国互联网络信息中心发布的互联网调查报告显示，截至 2015 年 12 月，我国网民规模达 6.88 亿，手机网民占比 90% 以上，其中，广东网络普及率达到 72.4%、网民数达 7768 万人，信息传播主体复杂化、民意表达网络化等现象日趋显现，汕尾乌坎事件、广州反垃圾焚烧厂建设事件等群体性事件的发酵和闹大都体现了网络的影响力。为了应对这一类问题，各地政府普遍推动了把施政向新闻舆论和互联网延伸的工作，从而强化基层党政对新闻舆论工作的引导，提升基层干部和媒体打交道的能力。例如，广州市着力构筑官方权威的政务信息平台，健全新闻发言人制度，建立日常和突发事件发布制度以及市政府新闻办公室记者采访制度。河源市在广东省率先推行"网络问政"，建立了以公仆信箱、公仆在线、公仆微博、手机短信信访系统为主的立体网络问政平台。清远市开展基层干部强化新闻施政理念、提升应对网络舆情能力的系列培训,并建立各级党委、政府相关部门与媒体的"结对"关系,负责宣传信息工作的领导和工作人员与媒体建立常态化互动沟通机制,强调重大政策的决策、制定与发布要对全社会进行意见征集、网络动员,并与媒体通气。

3. 探索矛盾批量化解机制

在很长一段时间中,基层政府由于在经济发展基础上掌握更多可灵活调动的财政资源,因而在处理某些疑难信访案件和突发事件过程中,经常以"困难救助""救助困难群众"等名义,通过使用"信访专项救助资金""维稳专项资金"等物质方式部分满足上访者的诉求,并用于久拖不决的上访案件、无政策依据的特殊疑难信访个案,以期达到息诉罢访的目的。[①] 但是,由于物质安抚往往并不能彻底解决问题,而且在某些情况下还容易引起仿效,甚至是"谋利型上访",加之物质安抚所需的救助资金规模常常难以适应群体较多、救助面大带来的资源需求,广东基层政府越来越重视从政策层面破解问题,从零星个案处理向制度性批量解决矛盾转变。例如,中山市建立了突出社会矛盾"批量化解"机制,成立了由市领导任组长的工作组,市委维护稳定工作领导小组办公室与市律师协会签订协议,成立"维稳律师服务团",参与矛盾调处、规范性文件制定、重大决策等工作,在法律框架下实现维权与维稳的统一。

---

① 参见马原《基层维稳实践中的"规范化"形态与非正式治理——以信访专项救助资金的运作实践为例》,载《公共行政评论》2014年第6期。

四、提升服务水平：
拓展公共服务与推进精准供给

提供基本公共服务是政府最核心的职能。根据《国家基本公共服务体系"十二五"规划》，基本公共服务由政府主导提供，其范围包括公共教育、就业服务、社会保险、社会服务、医疗卫生、人口计生、住房保障、公共文化体育八个领域以及残疾人基本公共服务，是保障全体公民生存和发展的基本需求。2009 年，广东在全国率先出台了《广东省基本公共服务均等化规划纲要（2009—2020 年)》，确立了统筹城乡基本公共服务供给与基本公共服务均等化的主要思路。

然而，随着广东工业化和城镇化步伐的不断加快，公共服务的供给也随之面临诸多问题。

第一，省内各地市基本公共服务供给不均问题仍然突出。随着普通公民对养老保障、社会治安、行政管理、环境保护等方面的新的需求日益迫切，基本公共服务面临着种类和质量拓展的迫切需要，但是，由于省内各地市区域发展不平衡，财力水平差距很大，城乡基本公共服务的地区需求存在较大差别，须确保基本公共服务在城乡之间、区域之间更加均等化的供给需求。相比之下，广东欠发达地区对基本公共服务（譬如养老、教育等方面）的要求更高。广东省统计局人口和就业统计处的公开数据显示，以养老为例，粤东、粤西、粤北地区人口年龄构成的显著特征是 0～14 岁人口的比重明显高于全国和全省平均水平（分别比全国和全省高 5.69%

和5.43%），15～64岁人口的比重明显低于全国和全省平均水平（分别低5.57%和7.43%），65岁及以上老年人口的比重则比全省平均高2.01%。由于婴幼儿与儿童人口和老年人口的比重高，青壮年的比重低，粤东、粤西、粤北地区成为总抚养比较高的地区。2010年，粤东、粤西、粤北地区15～64岁人口抚养比为45.13%，远高于全国（34.28%）和全省（31.01%）平均水平。以教育为例，粤东、粤西、粤北地区15岁及以上文盲人口占比也高于全省平均水平。①

第二，基本公共服务"土""客"不公问题越发严峻。由于国家户籍制度的政策限定和作为外来人口大省的社情现实，广东长期面对着如何处理公共服务覆盖户籍人口和常住人口的问题，外来人口在就业、社保、子女教育、医疗等方面的需求一直居高不下。从全省层面看，使基本社会保障由户籍人口向常住人口延伸，并使外来人口享受同等公共服务，政府财政负担将加重。近年来，为进一步推进公共服务均等化，广东部分地市在满足外来人口的基本公共服务方面率先探索，开展了包括积分入户、积分入学等政策。但是，由于社会福利需要实实在在的经济支出，且具有易增难减的刚性特征，全省各地市基层仍然普遍面对户籍人口与外来人口在基本公共服务获取方面的不公平问题，并在某些情况下衍生了"土客冲突"，部分事件甚至演化为群众性冲突。譬如，2011年增城新塘镇发生的"6·11大墩事件"，即因工业发展迅速带来外来人口增长以及长期滞后的流动人口管理模式再加上落差明显的福利待遇，使新塘镇成为滋生"土客冲突"的温床，进而由某一本地人和外地人的纠纷事件演变为群体性事件。

第三，基本公共服务供给与需求不匹配的问题日趋凸显。一直

---

① 参见王彪《粤东西北人口状况分析》，见广东统计信息网（http://www.gdstats.gov.cn/tjzl/tjfx/201405/t20140521-141967.html），2015年12月6日。

以来，我国基本公共服务的供给主要都是由政府承担的，政府以外的私人组织和社会团体难以进入供给领域，而政府决策程序自上而下，热衷于投入见效快、短期性和易出政绩的服务领域，而且以职能和部门为导向的政府分工体系使公共服务资源配置相对分散。因此，不仅公众偏好未能在决策过程中得到充分表达，而且常常出现"供给不足"和"供给过剩"并存的不合理状况，导致基本公共服务供给"所供非所求、所求非所供"；加上各个层级和部门之间缺乏有效的整合与协调，政府所供给的公共服务往往无法发挥整体效能。这一问题在广东同样表现明显，因而基层政府亟须提升公共服务供给的精准性，提高公共服务传递的有效性。

针对上述问题和情况，广东省各地优化基层行政权的第三项重要内容普遍定位为提升基本公共服务供给水平，促进公共服务普惠化和均等化，提高基本公共服务供给的公正性；同时，推进公共服务精准传递以惠及百姓，从而进一步提高广大群众对政府施政的认同。

（一）服务扩容：扩大基本公共服务覆盖面

"广覆盖、适度水平、兼顾公平与效率"是我国建立健全基本公共服务的主要模式。在扩大基本公共服务方面，近年来，广东省政府相继开展了合理界定各级政府的基本公共服务事权和支出责任，进一步调整和优化公共财政支出结构，逐步提高基本公共服务支出所占的比重，完善财政转移支付制度，加大对基层及欠发达地区民生社会事业建设的支持等，从宏观层面扩大"保基本、广覆盖"的力度。在此基础上，基层政府侧重于进一步强化对特殊群体和外来人口的服务保障。

1. 推进基本民生保障底线均等

基本公共服务均等化是包含资源共享、机会均等和程序正当的政策设计,它并不是指全体居民享有完全一致的基本公共服务,而是在承认地区、群体合理差别的基础上,最大限度地保障公民享有某一特定"底线"标准的基本公共服务。这种"底线均等"要求基本公共服务资源重点向落后地区和困难群体倾斜。广东省内各地市政府近年来开展的精准扶贫工作即其中的一项重要举措,创新方法包括采取电商扶贫、农业产业化扶贫等,促进落后地区在经济、就业方面的提升。例如,广州市对口帮扶梅州、清远、湛江等市,既着力打造和发展当地农产品品牌,又通过引导和协助被扶贫村村民建设与运用互联网销售平台来开拓市场,从而带动村民致富。

除此之外,各地市特别是珠三角地区经济较发达城市还着力强化"底线均等"的资源投入。以东莞市为例,2015年以来,该市多措并举,强化公共服务的底线资源保障。一是在"提标准"上下功夫,进一步提升孤儿供养水平,健康孤儿和残疾孤儿生活保障金比省明确的集中供养标准高出12%和34.67%、比分散供养标准高出82.89%和119.73%;同时,将城乡低保标准提升至比省的标准高出23.53%和41.45%。二是在"免费用"上下功夫,免除七项殡葬基本服务费用,实行对符合条件的非东莞籍老年人的公交免费政策等。三是在"增项目"上下功夫,如实施"银龄安康计划"为五保户、低保户老年人购买意外伤害综合保险等。①

2. 加大外来人口服务保障力度

部分地市在现行户籍制度框架下出台了加强外来务工群体公民

---

① 参见吕晓敢《东莞提升民生保障水平,加快基本公共服务均等化》,载《东莞日报》2015年11月6日。

福利保障政策，加强对非户籍公民的基本公共服务供给，逐步把非户籍公民纳入基本公共服务范畴，着力解决其子女教育、住房保障、医疗卫生、社区融合等公共服务难题。举例来说，东莞、佛山等市通过积分入户政策，使非本地户籍公民有机会享受本地基本公共服务。2010年以来，东莞全市降低入户门槛，非东莞籍人口可凭积分享受同城同待遇，特别是优化"新莞人"子女入读公办学校等服务。2014年，东莞开始实施人才入户新政，允许外来人员通过条件准入入户或积分入户。2014年以来，佛山市着力构建外来人员公平有序享受市民待遇的多元化机制，将外来人员积分管理与公共服务供给挂钩，制定积分入户、入学、医保、申请公租房等多轨并行的差别化积分办法。

3. 健全外来人口服务管理机制

创建以"新×人"（譬如"新莞人""新客家人"）等为名的服务载体，是外来劳动力密集的城市基层政府扩大服务受众、丰富服务内容、缩小城市内部福利差距的常规做法。例如，东莞成立了"新莞人"服务管理机构。部分地市则鼓励和支持各类同业同乡互助机构建设。例如，河源市源城区以"老乡帮老乡"为宗旨，推动成立了一系列老乡互动组织，同时还成立了流动人口互助联合会、流动人口志愿者服务队；此外，还设立了流动党员值日岗、团员服务岗、异地务工人员服务站、异地务工人员心理驿站、妇女维权服务站等。佛山市南海区则以"创建熟人社区"为核心举措，基层政府着力运用社会工作的手法，发挥地缘纽带作用，将同一地域的外来居民聚合起来，以地域文化活动为载体，推动邻里互动，让不同地域的居民相互熟悉和信任。

（二）精准对焦：强化服务需求挖掘科学性

公共服务准确对接群众需求是提升服务供给水平的关键。以群众需求为目标，以群众参与为重点，摸清特殊群体的个性化需求和普通群众的公共性需求，强化"以需定供"，是近年来广东基层政府推进公共服务供给创新从而满足多样化和多层次需求的常见举措。

1. 目标瞄准常规化

通过建立机制，使基层群众需求得到常态化呈现。探索在重大民生政策和项目决策、实施过程中引入征询社会公众意见机制，实行"群众点菜、政府买单"是一个较为普遍的创新方式。例如，深圳市福田区推行"民生实事群众评议"，通过社会化和专业模式挖掘群众需求，包括委托第三方社会组织邀请公共政策、社会学、法律、质量管理等领域的专家对民生实事项目进行评价和优化建议，同时由市民代表组成民生实事体验团，进入民生实事项目现场体验评分；此外，还通过网络媒体投票，对民生项目进行打分，而各相关部门则据此"买单"并接受质询。佛山市顺德区推行"公共服务公众评议"，通过委托第三方机构对公共服务政策的合理性、合法性、可行性、预期效果、实施效果和群众满意度等进行公众评议，以推进服务需求的精准挖掘。佛山市南海区推行"社案制"，确立社区自治组织、民间社会组织、政府社会政策观测员（由区镇两级民生职能部门业务骨干担任）和研究机构为四大社会政策观测主体，赋予其向党委、政府提交致力创新解决社会治理问题的"社案"的权力。

2. "民需"提炼专业化

近年来，珠三角地区基层政府普遍开展扶持、培育社会组织发展工作，基层社会组织取得了较好较快的发展。虽然目前具备承接政府购买服务或独立参与社会公共服务的社会组织依然不多，而且力量比较弱小，但是，社会组织已逐渐成为基层政府可以依托的公共服务力量之一。在社会组织发展壮大的过程中，基层政府开始着眼于支持社区社会组织参与社区公共事务和公益事业，并重视发挥其社会问题发掘能力、资源汲取能力，推动解决社区存在的真问题。广州、深圳、佛山等市推行的公益创投是一种常见方式。它旨在通过创意投标、项目运作、第三方评估等，培育和发展公益性社会组织，使之着力于挖掘基层群众的多样化、个性化需求，设计相关公益项目，并依据项目的针对性、实效性等竞争获取政府资助。

3. "民智"汇集广泛化

通过建立机制畅通基层群众的政策方案呈送渠道。譬如，佛山市南海区通过在社区设立与运作社会政策观测站，建立常规化的民声收集、民意研究平台，汇聚民间智慧方案，将民意作为社会温度计量的标尺，将民生作为社会健康程度的主要标准，通过第一手的社情民意数据、科学的数据统计和客观的综合分析，定时、全面了解民众对社会的整体感知，探测百姓生活的冷暖，掌握社会心理情绪与社会发展的总体态势，并及时研究社会热点、重点、难点问题的解决方法，使民意升级为民智，并统一入口（各级社工委），从而大力发动社会协同、公众参与，共同推进社会重点问题的研究与解决。

（三）高效送达：公共服务供给渠道多元化

供给渠道是影响公共服务送达质量的关键因素。公共服务供给渠道多种多样，传统的供给渠道主要包括电话服务、服务中心的面对面服务，而在互联网兴起、社会组织茁壮成长的背景下，基于信息技术的即时性以及全天候、网络型公共服务供给逐渐兴起，基于社会组织参与的公共服务供给也日渐兴盛。近年来，广东基层政府公共服务供给渠道创新在上述方面都有所体现，试图寻求网络化、专业化和社会化的渠道或平台传递公共服务，从而提升服务效率和质量。

1. 公共服务供给渠道网络化

为群众提供优质、高效、便捷的基本公共服务，是加快转变政府职能，推进简政放权、放管结合、优化服务改革的重要内容。近年来，随着网络技术的快速发展，加快推进"互联网＋公共服务"，运用大数据等现代信息技术，强化部门协同联动，打破信息孤岛，推动信息互联互通、开放共享，提升公共服务整体效能的举措正在广东基层推开。深圳市于2014年在全市建立了社区家园网，按照居民群体需求的差异性，设置服务模块，提供证件办理、计生民政、医疗社保等信息查询和网上办事功能，通过"家园论坛""网上办事"等模块与政府内部工作平台对接，对网上反馈的群众诉求的受理、分流、处置等全流程管理督办。东莞则根据基层人口聚居特质，将全市划分为楼盘小区、出租屋连片区、商贸区、工厂生活小区、农村社区、老旧小区、拆迁安置小区七种类型的二级治理单元，丰富便民巡回服务，同时还创设了"村（居）通"管理服务系统、网上办事大厅、手机APP等公共服务平台。

2. 公共服务供给渠道专业化

近年来,广州、深圳、东莞、佛山等经济发达地区的基层政府日趋常态化运用社工组织提供社工服务的方式,推进社会工作专业人才,运用专业方法为有需要的人提供包括困难救助、矛盾调处、人文关怀、心理疏导、行为矫治、关系调适、资源协调、社会功能修复和促进个人与环境适应等在内的公共服务。例如,广州就在全市推行了政府购买"家庭综合服务中心"(简称"家综")的服务,通过财政资金的竞争性购买,支持社工机构建立家综,由政府单一行政式的服务提供向政府与社会组织协作提供转变。截至2016年,家综遍布广州全市街道,提供近200项基本公共服务,服务人群覆盖全市(居)民和外国人群体,涵盖社区救助、残障康复、社区矫正、社区戒毒等领域。目前,在省政府与市政府进一步加强公共服务资金投入的政策引导下,粤东、粤西、粤北地区部分地市(如汕头市)基层镇(街道)也在陆续试点探索推进社工服务、"社工 + 义工"等服务供给方式。

3. 公共服务供给渠道社会化

在省政府与市政府鼓励发挥财政资金杠杆作用、引导和撬动社会资金投入民生社会建设的政策引导下,广东部分地市基层政府着力强化政府主导下的社会资金投入和服务供给机制建设。深圳市探索建设的本土化社区基金会正是典型的创新举措。截至2016年,深圳市龙岗区、光明新区、宝安区等地共计建立26家社区基金会,筹集慈善资金6000多万,自治开展公益项目100余项,为热心社区公益慈善的企事业单位、社会组织和普通市民提供参与平台。其中,"深圳市圆梦南坑社区基金会"是国内第一家在名称中直接冠以"社区基金会"之名的基金会。此后,光明新区、宝安区等多家社区基金会相继成立。它们鼓励在政府主导下,社区力量参与公共服务供给，这些基金会大都定位为资助型基金会，主要以非公募的方式在本社区内筹措资金，以项目化的方式开展社区救助和资助，通过政府引领、社会参与的方式引导资源投入，拓宽资金来源，使社区弱势群体获得更加充分的公共服务资源保障。

五、小　　结

（一）成效

1. 健全了基层治权体系

近年来，广东部分地市有序推进基层治权改革，逐步构建起以党组织为核心、以自治组织为主体、以经济组织（包括集体经济组织、企业、新经济组织等在内的各类经济组织）为基础、以社区服务中心（社区党务、政务和服务综合平台）为平台、群团组织和社会组织协同、基层群众广泛参与的基层治理新架构（如图 2-5 所示），从而使得基层治权体系向边界清晰、职责明确和分工协作的治理现代化方向进一步发展，也使得基层政府行政权有效地延伸至基层，进而更加强化和巩固了党对基层的领导。

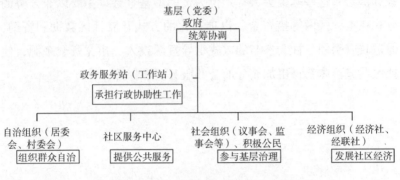

图 2-5 基层治权体系的架构创新

2. 维护了基层社会的稳定

当前，社会稳定是基层治理的中心议题。近年来，广东基层政府通过强化风险排查、利益协调和危机稳控机制，进一步提升从源头预防和化解社会矛盾的能力，强化了对社会秩序的把控。一方面，社会治安管理成效凸显。2016年广州社情民意调查中心开展的"广东农村基本状况村民评价"民意调查数据显示，对于"本村社会治安"表示"满意"和"比较满意"的受访者自2011年以来持续上升。① 另一方面，社会矛盾管理成效凸显。据统计，2015年群众到省上访总量同比下降了34.3%，2016年上半年较上一年度同期下降了16.3%。其中，经济发展过程中的常见问题日趋实现"抓早抓小"，反映土地征收安置补偿不合理、土地权属纠纷、乱占乱卖乱租土地等问题的上访量下降了21%，反映村务管理、村干部贪腐、村干部滥用职权等问题的上访量下降了31%。②

---

① 参见刘怀宇《广东近半村民满意本村社会治安》，载《南方日报》2016年11月1日。

② 参见《广东省委组织部工作简报》，转引自樊仙尹《依法治国与广东基层治理问题浅析》（毕业论文），中共广东省委党校2016年秋季中青年干部培训二班。

3. 加强了公共服务供给水平

近年来，广东部分地市基层政府通过基本公共服务扩容、民生服务需求挖掘和服务渠道优化建设等，使省、市政府加强基本公共服务供给的政策进一步得到有效落地，服务型政府建设成效日趋凸显。广东省省情调查研究中心发布的报告显示，2015年广东省地方政府公共服务总体满意度为71.87分，处于良好水平，较2014年（71.19分）提高了0.68分，达5年来最高水平，总体满意度近年来持续提升。[①]

（二）经验

1. 优化治权体系的核心是强化基层权力组织的主体性

改革开放30多年后，社会阶层分化重组，利益群体日趋多元化，普通公民和社会组织的权利意识、责任意识、民主意识、法治意识日趋提升，这一现象对执政党的社会整合提出了新的挑战。党对基层的领导权体现在领导核心作用和协调各方功能的发挥，有赖于对日趋自主的基层权力组织（经济组织、社会组织、自治组织等）的有效吸纳。其关键是尊重各类基层权力组织的主体性、激发社会主体的积极性、保障治理参与的方向性，重点是通过构建一套系统、科学、实用的治权体系，强化党委"统"治、政府"善"治、群众"自"治、社会"法"治，使基层权力组织得以资源整合、相互支撑、多元共治。广东基层治权体系革新就此展开。其中，平台创设使行政事务管理建制化，载体搭建使基层社会管理网

---

① 参见贺蓓《政府公共服务哪家强，惠州居首茂名垫底》，载《南方都市报》2016年1月18日。

格化，关系重构使基层自治组织实效化，资源驱动使新兴社会组织协作化，从而形成"一个核心（党）、多个中心"的共治架构。

2. 健全管制机制的重点是强化基层稳控体系的柔韧性

当前，中国社会处于矛盾风险的易发期、多发期，城镇化、工业化过程中的土地矛盾、劳资矛盾、族群矛盾等不断凸显，随着利益矛盾增长的是基层综治维稳的短板日趋突出，自上而下贯通整个政府治理体系的维稳力量如何上下联动、左右协调、各负其责、实用有效并落地于基层是各级党委、政府面对的突出问题，直接关系到政府行政权是形式上可用还是实质上有效，因而，整合维稳资源、健全维稳体系、优化维稳机制成为行政权优化的必然要求。广东基层管制机制健全正是就此展开的。从过程上看，创新社会风险排查机制着眼于社会矛盾"抓小抓早"，创新利益协调机制着眼于"小事化了"，创新危机稳控机制着力于"大事摆平"。从方式方法上看，这三者都特别重视激发社区居民和社会组织等主体参与利益矛盾调解的活力，推动人民调解、行政调解、司法调解协调联动，促进调解、仲裁、行政裁决、行政复议、诉讼等有机衔接，加强行业性、专业性人民调解组织建设，使具有一定的社会资源和动员能力的社会力量成为矛盾冲突的"缓冲带"和"减压阀"。

3. 拓展公共服务的关键是强化基层服务供给的精准性

提供基本公共服务、守住民生底线是让群众更有获得感的基础，是政府作为公共组织最为基础的职责，也是政府行政权最为常规的工作。当前，基本公共服务不足、不均、不优仍是各级党委、政府面对的普遍问题，在政策、资源等因素制约客观存在的背景下，如何用足政策、用活资源，进一步推进基本公共服务的普惠化、公平化和高效化，是基层服务型政府建设的重要内容。近年来，广东基层政府围绕基本公共服务扩容、群众需求挖掘、公共服务送达做文章，在群众"最盼"上下功夫，在群众"最急"上用资源，在群众"最需"上办实事，使群众更有获得感，从而增强群众对基层政府服务有效性的认同。

（三）启示

党的十八届三中全会提出，我国全面深化改革的总目标是"完善和发展中国特色社会主义制度，推进国家治理体系和治理能力现代化"，而基层是实践国家治理现代化的最直接场所，基层治理现代化是国家治理现代化的基础性环节。

1. 基层政府行政权优化的着眼点应是基层党组织的领导权巩固

关于基层党组织的领导核心地位，党章、党内法规和国家法律都有明确规定，并具体体现在确保党的路线、方针、政策在基层得到贯彻落实，确保基层各类组织在党组织的领导下按照法律和各自章程开展工作，确保基层各方面重要工作与重要问题由党组织在广泛征求意见的基础上领导实施。以治权体系革新为重要抓手的行政权优化，即是从管根本、管基础、管战略、管长远的角度，从完善管理体制出发，按照党委领导、政府负责、社会协同、公众参与的基本思路，框定治权与党权、产权、民权的权责利边界，建立"一核多元"体系（即党委发挥领导核心作用、社会主体发挥治理协同作用），从而使党权更为巩固、治权有效扎根、产权更加明晰、民权不断强化。

2. 基层政府行政权优化的着力点应是社会管理与公共服务并举

社会管理回应的是秩序建构问题，公共服务回应的是民生保障问题，二者都是基层政府作为公共组织应该承担的最基础的行政职责，即护卫基层群众的安全与福祉，以维护公平正义为追求、以法律规范为准绳、以群众满意为标准。其中，秩序建构为民生保障提供良好环境，民生保障为秩序建构奠定坚实基础。基层政府的行政权运行双线并举，既着眼于建立规范有序的社会环境，又着力于提供底线均等的公共服务，促进人民群众安居乐业，从而提升行政权的效能，改进官民、干群、群众之间的关系，让群众更有获得感，更加支持党委、政府施政。

基层政府的行政权优化促进了基层治理体系和治理能力的现代化，推进重塑了党委、政府与群众的关系。随着基层政府越来越重视扩大政治过程中的公民参与度、增强社会秩序的把控力度、充实公共服务的供给效能，基层群众参与的空间得到极大扩展，公众利益矛盾的博弈得到有效平衡，基本公共服务诉求得到了更好的满足，一种参与式、效能型和服务性的基层治理形态日趋显现，为党群、政民良性互动提供了可能。

广东基层行政权优化探索指向经济发展和社会转型之下的真实治理问题，取得了成效，积累了经验。然而，它需要与时俱进，也具有提升空间。譬如，进一步推进基层行政权体系和运作的科学化、民主化和法治化等。在此过程中，广东不同地区的探索经验如何优化完善和稳妥推广，基层行政权革新如何与地方政府巩固党权、规范产权与保障民权的整体治理设计联动与融合，是施政者需要进一步解答的问题。

第三章

重塑集体产权

随着中国工业化、城镇化进程的显著加快,农村的社会、经济结构发生了深刻的变化,由此,发达地区众多村庄的经济、社会与地理边界被打破,面临着流动性的巨大挑战,严重影响了农村社会的稳定和发展,驱动着地方政府的乡村治理创新进程。然而,乡村治理创新需要一系列的基本条件,如明晰的产权、科学的体制、灵活的机制以及有序的参与等。其中,农村产权制度作为协调乡村社会各主体权益关系的制度安排,决定着多元治理主体的行动空间和行动策略,是乡村治理创新的重要经济基础。正如1859年马克思所指出的,"人们在自己生活的社会生产中发生一定的、必然的、不以他们的意志为转移的关系,即同他们的物质生产力的一定发展阶段相适合的生产关系。

这些生产关系的总和构成社会的经济结构,即有法律的和政治的上层建筑竖立其上并有一定的社会意识形式与之相适应的现实基础"①。

因此,只有高度重视农村产权基础的保障功能,积极探索集体所有制经济的有效实现形式,乡村治理创新才能顺利突围。在此背景下,2016年国家出台了《中共中央、国务院关于稳步推进农村集体产权制度改革的意见》,明确要求"逐步构建归属清晰、权能完整、流转顺畅、保护严格的中国特色社会主义农村集体产权制度,保护和发展农民作为农村集体经济组织成员的合法权益"②。这为重构乡村治理创新的经济基础提供了操作性指南。

从全国各地的实践来看,近年来广东农村产权制度改革的经验值得从理论上予以总结。广东农村集体经济发展迅猛、规模庞大,各地方政府非常注重因地制宜地推进农村产权制度改革,以有效驱动乡村治理创新,为探索产权与治理关系及其实现机制提供了经验借鉴。事实上,早在20世纪90年代,在农村集体所有制的框架下,广东部分地方政府便开始着手探索集体所有制经济的有效实现形式。进入21世纪以来,在经济社会转型升级的历史进程中,集体所有制经济的组织和经营更成为农村众多矛盾的焦点,广东农村产权制度改革明显加速,试图通过重构乡村治理创新的经济基础,为地方治理体系与治理能力现代化创造条件。

---

① 中共中央马克思、恩格斯、列宁、斯大林著作编译局:《马克思恩格斯选集》(第二卷),人民出版社1995年版,第32页。
② 《中共中央、国务院关于稳定推进农村集体产权制度改革的意见》,载《人民日报》2016年12月30日。

一、背景与逻辑进路

(一) 理论背景

产权是一个跨学科的重要概念,表示"一组权利"的集合,用以呈现权利制度体系以及由此调整权利主体与他人间的法律和经济关系。产权制度涉及资源配置效率、交易费用和激励机制等议题,对于一个社会的经济发展和秩序至关重要,因此,产权制度的研究在学术界受到广泛关注。聚焦到中国农村产权制度研究领域,学术界集中考察了农村产权制度的历史演化、乡村产权实践与困境、农村产权制度改革等议题。其中,针对农村产权改革的实践,目前学界对此的分析和解释主要有三种观点。

1. 乡村产权的国家建构论

此类观点着重考察国家权力、正式制度与政府政策对于农村产权界定的影响。例如,对于农村中重要的土地产权制度及其变迁而言,王金红认为现行农村土地产权是一个同时包含"国家—集体"和"集体—农民"关系的二元主体结构,由国家权力的嵌入逻辑与法律体系的固化逻辑决定,具有特定的政治法律特征[1];许章润认

---

[1] 参见王金红《告别"有意的制度模糊"——中国农地产权制度的核心问题与改革目标》,载《华南师范大学学报(社会科学版)》2011年第2期。

为，国家制度是影响地权的法权安排的重要因素①；程宇基对于南县农地产权改革的观察，提出了"嵌入性政治下的地权建构逻辑"，倡导从产权的"社会建构"到"行政建构"的研究范式转换。②

2. 乡村产权的社会推进论

这类观点着重从社会建构的角度考察农村产权形成和改革的实践逻辑，正如周雪光提出的"关系产权"概念，展现产权是一个组织与其组织、制度环境以及组织内部不同群体之间稳定的社会关联。③申静、王汉生研究了集体产权在中国乡村生活中的实践逻辑，认为集体产权是个体行为者与其所处的社会环境不断互动的过程。④柏兰芝从珠三角地区农村集体股份制改造引起的外嫁女争议出发，检讨了功能取向的制度研究，认为妇女作为行动主体通过抗争不断推动着农村产权制度的演变。⑤张静则针对农村土地产权指出其产权归属具有很大的弹性，其界定不是建立在稳定的法律制度之上的，而是由产权相关主体人根据自身的参与和影响而界定的。⑥

3. 乡村产权的要素配置市场论

在市场化程度较高的国家，明晰的产权可以降低组织间的交易成本，抑制组织内部的投机行为，将负外部效应内在化，为个体或

---

① 参见许章润《地权的国家德性》，载《比较法研究》2010年第2期。
② 参见程宇《嵌入性政治下的地权配置——基于南县农地产权改革的观察》，载《公共管理学报》2016年第1期。
③ 参见周雪光《"关系产权"：产权制度的一个社会学解释》，载《社会学研究》2005年第2期。
④ 参见申静、王汉生《集体产权在中国乡村生活中的实践逻辑——社会学视角下的产权建构过程》，载《社会学研究》2005年第1期。
⑤ 参见柏兰芝《集体的重构：珠江三角洲地区农村产权制度的演变——以"外嫁女"争议为例》，载《开放时代》2013年第3期。
⑥ 参见张静《土地使用规则的不确定性：一个解释框架》，载《中国社会科学》2003年第1期。

组织的经济行为选择提供激励机制。故而此类观点注重强调农村产权改革的方向是培育要素市场，通过科学配置资源推动集体所有制发展，主张建立农村土地市场、产权流转交易市场等政策平台，让市场在农村产权改革中发挥决定性作用。如徐勇和沈乾飞认为集体经济对接市场经济，无疑将是未来集体经济完成自我转型与创新实现形式的主体方向。①

综合来看，上述三种观点在一定程度上解释了农村产权改革的实践过程和改革困境，为学术界进一步的追踪讨论奠定了基础。但是，它们都有理论上的盲点或不足：有的理论主要聚焦于某个农村产权要素，比如有关土地产权改革的国家建构论或社会推进论，对于农村产权的整体改革画面则缺乏解释穿透力；有的理论主要着重强调国家、社会或市场某一方面的主体力量，对于三方力量的互动及其具体的互动模式着墨较少，进而难以有效解释近年来农村产权改革的整体演进逻辑；有的理论部分地道出了农村产权改革的方向，如农村产权要素配置市场论，但对于改革背后的深层逻辑挖掘不足，容易带来对政策的误解。

因此，站在重构乡村治理创新的经济基础的高度，有必要对上述观点做进一步完善，使其对于新近农村产权改革的整体图景具有更强的解释力。事实上，农村产权制度改革本身就蕴含着乡村治理创新的契机，在理论上，"产权与治理的关系是一个吸引人的大命题"，二者存在很强的关联性。② 魏特夫在研究东方专制主义起源时就重点阐述了所有制复杂类型和治水强度之间的相互关系。③ 邓

---

① 参见徐勇、沈乾飞《市场相接：集体经济有效实现形式的生发机制》，载《东岳论丛》2015年第3期。
② 参见邓大才《产权单位与治理单位的关联性研究》，载《中国社会科学》2015年第7期。
③ 参见卡尔·A. 魏特夫《东方专制主义：对于极权力量的比较研究》，徐式谷等译，中国社会科学出版社1989年版，第239～313页。

大才研究发现,"村庄的权力结构是由产权的集中性、稳定性决定的"[①],"产权的效率与治理的效率不仅取决于产权治理、治理制度本身的安排,还取决于产权与治理的契合性,更取决于产权单位与治理单位的对称性"[②]。袁方成的研究则表明,"农村产权治理的总体发展趋向是乡村产权关系从模糊走向清晰,从封闭走向开放,这将从根本上改变社区的治理结构,重塑农民与政府之间的权利关系"[③]。因此,我们选取近年来广东农村产权改革样本,试图提出"产权改革的治理创新"理论模式,解释农村产权改革的内部机制与运行逻辑。

(二) 现实背景

综观近年来的广东乡村治理创新,围绕着产权层面的创新主要涉及集体经济组织改革、农村土地产权改革以及集体资产监管改革。在经济发展与社会转型的历史进程中,广东农村的每次产权改革都有深刻的背景动因,力图突破各种体制机制的束缚,回应急剧转型的经济社会结构,解决现实的社会问题,解放和发展生产力,推进基层治理现代化。

1. 农村集体经济面临保值增值与管好用活的双重压力

一方面,农村集体经济组织产权结构不明晰的问题严重阻碍了其对接市场和实现保值增值。股份制公司是当前农村集体经济组织

[①] 邓大才:《产权发展与乡村治理:决定因素与模式——以粤、湘、鄂、鲁四村为考察对象》,载《中州学刊》2014年第1期。
[②] 邓大才:《产权单位与治理单位的关联性研究》,载《中国社会科学》2015年第7期。
[③] 袁方成:《治理集体产权:农村社区建设中的政府与农民》,载《华中师范大学学报(人文社会科学版)》2013年第2期。

改制的重要试点方向之一,虽然存在方向上的争议和风险,但若想要让农村集体资产要素充分进入市场,正如广东省农业厅经管处王小慧所言,"将经济联社和经济社转变为公司法意义上的股份公司,才能更好地与市场接轨,开展经营工作,以及建立现代企业管理模式"①,其产权不清的状况将是农村集体经济组织改制面临的首要体制机制障碍。另一方面,农村集体经济组织运行管理难以适应专业化、流动性的要求,管不好、用不活严重威胁着基层社会的和谐稳定。就专业化而言,当前许多地方的农村集体经济组织运行规范化和专业化程度都比较低,政经合一的体制结构难以实现村(居)的良性治理。基层农村的管理体制一般通过"几块牌子,一套人马"的方式将基层党组织、村委会、经济组织及其他各类社会组织捆绑在一起,实现管理的"少数人"垄断。这种运行管理体制不仅难以引入经济专业人士的加盟,难以实现集体经济的多元化发展和转型升级,还容易滋生内部腐败问题。有些村(居)甚至因经济问题塑造出村内反对派,让村(居)长久陷入派系斗争的泥潭之中,使得集体经济错过发展良机。

在流动性方面,珠三角地区集体经济实力虽然比较强大,但其管理和运行还必须处理好社区成员分化后的利益冲突问题。城镇化水平的普遍提高带来大量的流动性管理问题,在同一村(居)场域中,数量庞大的非户籍人口、户籍人口以及"外嫁女"都对集体经济组织提出了不同的利益诉求,集体经济组织管理与运行必须对这些不同的利益诉求给予回应,才能将潜在的矛盾控制住。"随着农村产权改革、新型集体经济组织股份化改革的深入发展,农民的财产权利逐步回归和释放,土地和集体经济带给农民的利益越来越大,导致许多'外嫁女'回到原来的村庄要求享受村民待遇。但

---

① 曹成毅:《三看珠三角农村集体产权改革》,载《农民日报》2013年10月17日。

是，她们的身份和权属要求在农村社会遇到前所未有的阻力。于是她们走上上访或司法诉讼之路，试图借助国家法律和政策来支持自身的维权行动。以广州市番禺区为例，该区前几年'外嫁女'信访量呈逐年递增趋势：2006年，'外嫁女'问题占信访总数的81%；2007年，'外嫁女'问题占信访总数的83%。"① 故而推动农村集体经济产权改革，强化科学管理和规范管理，才能有效应对流动性带来的挑战和危机。

2. 农村土地面临"谁来种地"和"地怎么种好"双重难题

面对市场经济大潮对农村、农业与农民的冲击，在众多农村地区，现有统分结合的双层经营体制未能充分发挥其灵活性特点，无法有效对接市场，反而在市场化进程中因为权利关系混乱而衍生出诸多问题，推动着所有权、承包权与经营权相互分离的"三权分置"土地制度创新。这既能坚持农村土地集体所有制，又能增强家庭联产承包责任制的稳定性和吸引力，还能为农民借助土地资源对接市场创造条件。总之，土地"三权分置"改革力图解决农民土地面临的"谁来种地"和"地怎么种好"的双重难题。

一方面，分散经营效益低下，出现土地撂荒与非农建设现象，"谁来种地"问题突出。20世纪80年代初期，家庭联产承包责任制作为中国农村领域的重要制度改革，逐步确立了集体土地所有权和农户土地承包经营权"两权分离"的制度框架，赋予农民长期而有保障的土地使用权，激发了广大农民的生产积极性，解放和发展了生产力，实现了解决温饱的基本目标。然而，到了20世纪90年代，城市经济发展的劳动力需求加剧了农村人口流动，许多农村地

---

① 蒋红军、熊美娟：《城乡利益共享机制建构中的农民身份转变与权益保护》，载《行政论坛》2016年第4期。

区的青壮年劳动力都流向城市打工，留下老人打理承包地。这样一来，在欠缺青壮年劳动力的农村，对于承包地的人力和技术投入严重不足，再加上生产资料价格上涨，承包地分散经营的种粮效益日益偏低，导致部分农村地区出现较为严重的土地抛荒现象，甚至出现借土地流转之名搞非农建设，危害中国的粮食安全。[①] 而在那些务工机会较多、专业化趋势明显、农民市民化水平较高的农村发达地区或城市郊区，农民流转土地的意愿也非常强烈，同样需要有专业化的新型经营主体来承接土地耕种。另一方面，各种条件限制使得农村土地难以实现规模经营、专业经营，"地如何种好"问题突出。一是土地细碎化、小农分散经营制约了土地集中规模经营。在实施家庭联产承包责任制之初，为了分地的公平，相当多的地方都是按照土地的区位条件及地力肥瘦搭配分配，这造成每户承包的土地分散在不同的地方。在部分山区农村，承包土地零碎、分散的程度则更为严重，承包户难以通过土地流转扩大经营规模。二是农业社会化服务主体发展较为缓慢，制约服务集中规模经营。在欠发达地区农村，青壮年劳动力大量外流，留守老人、妇女等无法单独使用大型农机具，存在着农业社会化服务的大量需求。但是，农民社会化服务主体发展还不成熟，组织和经营水平较低，短期内难以满足以社会化服务带动承包农户和服务主体共享经营权的规模经营及专业经营的需要。三是土地融资功能不足制约着土地适度规模经营。由于农村土地关乎农民生存底线，中国物权法与担保法均规定集体所有的耕地的使用权不得抵押，使得土地的融资功能受到限制，这为土地的规模经营增加了资金方面的难度。

---

① 参见刘彦武、欧甸丘《广东中山农村土地流转调查：一亩地多收了"三五斗"》，见 http://www.gd.xinhuanet.com/newscenter/2014-06/06/c_1111007313.htm，2017年1月10日。

3. 农村集体资产监管面临贪污腐化和管理不善双重风险

第一，农村集体资产监管存在巨大的廉政风险。广东农村集体经济发展迅猛、规模庞大，全省农村集体"三资"市值远超国资总量。"据统计，到2013年年底，全省农村集体资产总量达3954亿元，占全国16.5%，居第一位，约相当于省属企业资产总额8059亿元的一半。而如果加上全省3933万亩（1亩≈0.0667公顷。下同，不再标注）耕地、15082万亩林地、2539万亩农村集体建设用地等资源性资产，广东省农村集体'三资'的市场价值将远超国有资产总量"①。如此庞大的集体资产如果不能进行规范、透明的管理，就有可能成为农村腐败的源头，损害村（居）民的切身利益。事实上，广东农村集体资产处置中的违法违纪案件数量也十分惊人，2007—2012年的5年间，广东省共计查处农村基层党员干部10419人，违纪违法案件9988件，其中2012年共查处村（居）干部2340人。"2013年查处2556人，2014年1月至9月查处3350人，比2013年全年增长30%，这其中涉及'三资'管理的占60%以上，权力寻租、集体腐败、家族腐败的案件越来越多，数额越来越大，'小官小贪'频繁发生，'小官大贪'触目惊心。据省信访部门统计，近年来群众到省委、省政府上访的批次和人次中，涉农上访占了40%，居各类上访事件之首，而其中反映农村土地及'三资'问题的占了近七成。"②

第二，农村集体资产存在管理不善、资产流失的风险。除了各种贪腐问题，"农村集体资产管理还存在着产权主体虚置、内部治

---

① 钟啸：《广东将建县镇村三级农村集体"三资"管理服务平台》，载《南方都市报》2014年12月11日。

② 钟啸：《广东将建县镇村三级农村集体"三资"管理服务平台》，载《南方都市报》2014年12月11日。

理混乱、管理不民主、资产交易范围狭窄、流动性差等问题,不利于农村集体资产保值增值"①。不仅如此,随着城市区域的日渐扩大,城乡接合部实行"村改居",原集体经济组织成员和村组集体资产的关系被变更,存在资产被大量平调或流失的现象,对农村集体资产的保护和监管刻不容缓。故而广东省利用现代信息技术手段,在对集体资产清产核资的基础上,决定全面推进农村集体资产管理交易平台建设,借此创新农村集体资产管理机制,保障农村集体经济的稳步发展。

(三) 逻辑进路

为整体重构乡村治理的经济基础,探索集体所有制经济的有效实现形式,化解新形势下农村产权制度运行面临的多重压力、难题与风险,自21世纪以来,广东在探索乡村治理创新时着力从集体经济组织改革、农村土地产权改革、农村集体资产监管权改革三个方面推动农村产权改革。在此基础上,广东重构乡村治理创新的经济基础路径(如图3-1所示)便逐步清晰地呈现出来,即通过集体经济组织产权改革,有效界定了治理主体与受益主体,从结构层面为乡村治理创新提供了契机;经由农村土地产权改革,极大地发挥了市场在资源配置中的决定作用,在能力层面为乡村治理创新提供了着力点;借助集体资产监管权改革,有效建立了兼具防控和预警功能的廉政机制,从监督层面为乡村治理创新提供了指引。

---

① 耿静超、石大立:《佛山市南海区创建农村集体资产管理交易平台的探索与分析》,载《南方农村》2011年第5期。

图3-1 广东省重构乡村治理创新的经济基础路径

二、"界定资格":
明晰集体经济权属与组织成员资格

"谁有资格"主要关注城镇化与工业化进程中农村集体经济的资产权属及集体经济组织成员的资格问题,本质上体现为集体经济的所有权和集体经济组织的成员权,事关村(居)民的福利分配,对农村社会稳定和发展影响巨大。珠三角地区是中国改革创新的前沿阵地,在对接市场化的道路上,以佛山市南海区为代表的农村集体经济通过探索股份合作社,农村产业化和市场化加速发展,迎来了集体经济的腾飞。"据统计数据显示,2011年南海农村经济总收入5345亿元,是1993年的207.4亿元的25.77倍。村组两级集体资产总额268亿元(不包括农村土地折价),是1993年的35.86亿元的7.5倍,村组两级可支配收入达到50亿元,其中村级18.06亿元、组级32.80亿元,经济总收入超过亿元的村有197个,可支配收入超过1000万元的村有53个。村组两级货币资金存量54.44亿元,经联社级16.98亿元,经济社级37.46亿元,农民人均收入

14574元，是1993年的2649元的5.4倍。"① 珠三角地区其他城市的集体经济拥有同样辉煌的发展态势。这么庞大的集体经济积累对于改善村容村貌、落实公共服务以及增加村民收入与福利等提供了强大的保障。然而，随着农村城镇化步伐的有力推进，因社会流动和身份转化在传统农村出现群体利益多样性的大背景下，诱人的集体经济利益分配又直接导致了各种身份群体的利益抗争。在南海，农村"外嫁女"及其子女就是引发这场权益抗争的主要人群，从而将集体经济产权归属和集体经济组织成员的资格问题摆在了执政者的面前。

从治理创新的视角来看，"界定资格"能够有效契合乡村治理创新的治理结构改善需求，能够解决"谁来治理"和"谁受益"的问题。通过明晰集体资产权属和集体经济组织成员资格，一方面，能够为集体资产和集体经济组织建立完整的产权边界，"产权边界完整表明产权单位内外的权利清晰、利益统一，易于治理，否则将会出现治理困境"②；另一方面，能够推动乡村治理各主体责、权、利相统一，并据此建立新的治权结构，妥善处理治理主体之间的利益博弈。广东特别是珠三角地区各城市均对"谁有资格"这个问题进行了改革探索。广州市、佛山市、东莞市、中山市等地在21世纪初基本上已经完成农村集体经济股份合作制改革，目前正根据经济社会发展形势对第一轮改革做出新的修订。比如，东莞市早在2004年就出台了《关于推行农村股份合作制改革的意见》，规定"凡具有经营性净资产、集体收入能维持社区行政管理费用和公益性开支、集体收入有一定盈余的村组，要实行资产固化与量化，将集体经营性净资产按一定比例划分为集体股和个人股，并将个人股

---

① 邓伟根、向德平：《捍卫基层——南海"政经分离"体制下的村（居）自治》，华中科技大学出版社2012年版，第41页。

② 邓大才：《产权单位与治理单位的关联性研究》，载《中国社会科学》2015年第7期。

部分折股量化,固定到人;目前无经营性净资产或集体收入不能维持社区行政管理费用和公益性开支的村组,则实行先固化但暂不量化,先进行股东资格界定,只设置集体股,待集体经济状况改善后再划分个人股并明确股值"[1]。2015年东莞市又出台了《进一步完善农村(社区)集体经济组织股权管理的指导意见》,在坚持股权固化的基础上,规范和明确了股权继承、内部流转和赠予方式与程序,并提出了探索取消集体股、允许有偿购股、项目入股等改革措施。[2] 中山市的农村集体经济股份合作制改革进度与东莞市类似,早在2002年就出台了《关于推进农村股份合作制改革实施办法(试行)》,对中山农村集体经济股份合作制改革做了部署,新修订的实施办法于2017年1月1日实施,强调中山市将建立健全城乡一体的户籍登记管理制度,农业户口将无法作为界定农村集体经济组织成员的唯一依据,以拥有股权作为界定农村集体经济组织成员资格的重要依据,确保历史与现实相衔接、权利与义务相对等、改革与稳定相统一;按照"生不增,死不减"的原则,配股后新生和迁入的人口不再配置个人股份,新迁入和新出生的人口,主要通过股权继承、流转(包括转让和赠予)或以购买募集股的方式成为新股东。[3]

基于东莞、中山等地的农村集体经济股份合作制改革经验,围绕着"谁有资格"的问题,在推进农村集体资产确权和股份合作制改革上,广东省2016年基本完成了农村集体经济组织合同的清理工作,并在粤东、粤西、粤北地区全面启动农村集体经济组织股份

---

[1] 中共东莞市委、东莞市人民政府:《关于推行农村股份合作制改革的意见》,见 http://www.caein.com/index.php/Index/Showcontent/index/bh/017003001/id/81340,2017年1月10日。

[2] 参见段思午《股权内部转让赠予将有规可依》,载《南方日报》2015年4月9日。

[3] 参见潘斌《中山"农村股份合作制改革实施办法"明年1月1日开始实施》,载《广州日报》2016年12月7日。

合作制改革。① 回顾广东农村产权改革的历程，南海是珠三角地区较早进行改革创新的地区，其创造的"政经分离"的经验闻名全国。由此，我们将以南海"政经改革"为例，阐述广东集体经济组织产权改革的实践过程。

（一）建立权责清晰的治权资格

为了理顺农村党组织、自治组织与集体经济组织三位一体、政经合一的基层管理体制，明确农村基层多元治理主体的权力边界，为解决多元主体的治权资格创造条件，基于权力归位原则建立权责清晰的治理结构，南海实施了"政经分离"改革，出台了《关于深化农村体制综合改革的若干意见》等八个配套文件，大胆进行制度改革的顶层设计，深入推进"五分离"② 改革。

1. 选民资格分离

南海通过将党组织、自治组织和集体经济组织的选民资格进行分离，由全体党员选举产生党组织领导成员，具有选民资格的村民选举产生村委会领导成员以及具有选举资格的社员股民选举产生集体经济组织领导成员，从而对三大治理主体的权力来源进行了重新定位，成功塑造出职责明晰的组织间关系。

2. 组织功能分离

分离后的党组织的职责范围包括党务、政务、服务和监督；村委会的职责就是落实村民自治权，回归社会事务管理；集体经济组

---

① 参见庞彩霞《广东列出农村改革任务清单》，载《经济日报》2016年5月21日。

② 参见李晓燕、岳经纶《超越地方法团主义——以N区"政经分离"改革为例》，载《学术研究》2015年第7期。

织的职责就是在党组织监督下,独立有效地开展经营管理活动,实现集体经济的保值增值。

3. 干部管理分离

通过对三大治理主体的干部从选任、撤免、任期、职责、考评等各方面进行分离管理,使得村党支部书记不能兼任集体经济组织领导成员,村委会领导成员不得与集体经济组织领导成员交叉任职,从而打破"几块牌子,一套人马"的干部捆绑机制。

4. 账目资产分离

开展集体资产确权登记,将非经营性资产使用权确权登记在村委会名下,集体土地的所有权登记在集体经济组织名下,同时开设财政拨款专户、自治组织行政专户、集体经济组织专户,实行资产、账目与核算分离。

5. 议事决策分离

厘清党组织、自治组织、集体经济组织的职责任务,按照各自议事主体、范围、权限和流程进行议事决策。

通过"五分离"改革,南海区搭建了农村基层新的组织管理系统,从组织合法性来源、组织功能、领导成员、组织资产以及运行规则五个方面重构了农村基层新的治理结构,"形成了以党组织为核心、以自治组织为主体、以集体经济组织为支撑、以群团组织为辅助、以社会组织为补充的共建共享的现代基层治理新格局,推动农村基层社区逐步建设成为管理有序、服务完善、文明祥和的社会生活共同体"[1]。

---

[1] 邓伟根、向德平:《捍卫基层——南海"政经分离"体制下的村(居)自治》,华中科技大学出版社2012年版,第83页。

(二)"两确权"权属确认与股权资格固化

按照"产权清晰、权责明确、政企分开、管理科学"的现代企业治理结构,农村集体资产产权清晰是政经分离改革的重要基础,也是政经分离改革后村(居)集体经济组织向市场化和专业化迈进、进行公司化经营的前提条件。明晰的集体资产所有权和成员权关系能为进一步放开、搞活经营权,充实分配权创造条件。因而,早在2006年,南海区西樵镇就开始试点"两确权"工作,并在实际工作中不断完善。

1. 依法界定集体资产产权

在乡村快速城镇化的过程中,南海等地区的农村集体经济产权变动较为频密,产权不明确和因多样化产权派生的争议问题也就比较严重。以农村集体土地产权为例,现有的土地有的登记在村委会名下,有的登记在村小组名下,有的登记在集体经济组织名下,有的甚至登记在村办企业名下,产权主体多样化。不仅如此,由于各种历史遗留问题,现有土地的产权性质也时常变动,多种土地产权并存,包含国有土地、集体建设用地、农用耕地以及农民宅基地等,如此复杂的土地产权不仅加剧了基层社会矛盾,而且成为政经分离改革亟须克服的主要障碍。为此,南海明确提出按照《广东农村集体资产管理条例》及相关文件规定,全面开展农村集体资产清产核资工作,依法界定资产权属,理顺农村集体资产产权归属关系,积极做好农村集体资产的产权登记和确权工作,明晰集体资产产权,将农村集体全部经营性资产登记在农村集体经济组织名下;非经营性资产由村民(成员、代表)大会讨论决定是登记在自治组织名下还是登记在农村集体经济组织名下,也可部分登记在农村集体经济组织名下、部分登记在自治组织名下。

2. 依法界定集体经济组织成员资格与推进股权资格固化

南海在依法落实农村"出嫁女"及其子女合法权益的基础上，按照《广东省农村集体经济组织管理规定》以及《南海区农村集体经济组织成员资格的界定办法》的有关规定，全面清查核实人口，依法界定农村集体经济组织成员资格，发放农村集体经济组织成员证，并由各村造册登记，实行动态管理，妥善解决其他特殊群体的利益争议，让符合成员资格的农民共享农村经济发展成果。①

在成员资格确认的基础上，南海还针对未来人口增减可能带来的股权问题推进了股权资格固化工作，将股权固化到户或人。随着改革实践的深入，2015 年南海按照"确权到户、户内共享、社内流转、长久不变"的原则完成了股权资格确权与固化工作，发放了"佛山市南海区集体经济组织户内股权及成员证"。

其中，"确权到户"要求股份合作经济组织选定确权时点，通过民主程序，依法修改好组织章程，并按照新章程的规定对该时点在册的股份合作经济组织成员中原有股东的股权进行认真核实，对未配股的集体经济组织成员进行无偿配股或购股，对原来不享有股份而在该时点被确认为股份合作经济组织成员的人进行无偿配股或购股，使之成为新的股东。"户内共享"即股权确权到户后，股权就成了家庭的共有财产，就像夫妻共有的房子一样，户内所有的股东人人有份，共同享有该户的股权。至于户内股东股权分配就由户内股东自行决定了。"社内流转"的规定明确股权流转只能在股份合作经济组织内部进行。在同一个股份合作经济社内部，允许股份

---

① 参见中共佛山市南海区委办公室、南海区人民政府办公室《深化农村集体经济管理体制改革试点工作的实施方案》，转引自汪会洲主编《南海年鉴 2010》，广东经济出版社 2010 年版，第 448～452 页。

合作经济组织以户为单位,按照本股份合作经济组织内部规定,将股权进行流转或不流转。"长久不变"则要求本股份合作经济组织内部各户的股权一经确定,今后不管户内人口是增加还是减少,该户内股权保持长久不变。[①]

总的来看,通过建立健全农村集体资产产权登记和集体经济组织成员资格界定制度,落实确权到户的股权固化和管理制度,不仅明晰了集体资产所有权和集体经济组织成员权,还为减少、化解农村基层的矛盾和纠纷,推动农村基层治理创新以实现乡村社会的长治久安奠定了重要基础。

三、"对接市场":稳定承包权与放活经营权

2014年"中央1号文件"(《关于全面深化农村改革加快推进农业现代化的若干意见》,下同,不再标注)提出,"稳定农村土地承包关系并保持长久不变,在坚持和完善最严格的耕地保护制度前提下,赋予农民对承包地占有、使用、收益、流转及承包经营权抵押、担保权能。在落实农村土地集体所有权的基础上,稳定农户承包权、放活土地经营权,允许承包土地的经营权向金融机构抵押融资",为中国农村奠定了土地所有权、承包权与经营权分置的"三权分置"土地制度改革创新框架。如果说明晰集体经济权属资

[①] 参见刘永亮、李雅文《确权到户,户内共享,社内流转,长久不变》,载《珠江时报》2015年4月7日。

格与组织成员资格旨在围绕着所有权解决"谁有资格"的问题,那么透过土地确权与流转改革以稳定承包权、放活经营权就主要解决"如何对接市场"的"资源配置"和"资源获取"问题。

提高农民应对市场的能力对于乡村治理创新具有巨大的推动作用。施坚雅曾指出,基层市场是决定农民实际社会活动边界的重要社会结构。① 于建嵘认为,"新时期中国乡村政治体制是国家在市场经济背景下对农民个人权利承认和保护的制度性承诺,是一种基于市场、民主和法制理念的新的行政管理结构和乡村治理方式"②。这些观点表明,"对接市场"是乡村治理创新的基本前提,有利于提升治理主体的资源获取能力,降低乡村治理成本,提高治理绩效。在此背景下,为贯彻落实党的十八届三中全会决定以及2014年"中央1号文件"精神,中共广东省委、省政府发布了《关于全面深化农村改革加快推进农业现代化的意见》,在全省推进农村土地承包经营权确权登记颁证工作,"真正把农民的土地权利确权固化到农户,做实农村经济的微观基础,让农民吃上'定心丸',进一步激发农业、农村发展活力""进一步完善农村基本经营制度的法律关系,加强农民承包土地的物权保护,从根本上防止侵害农民土地权益的现象发生""把土地关系明确,把权益界线划清,有效化解历史遗留问题,解决涉地纠纷矛盾,促进农村和谐稳定",为土地流转放活经营权奠定坚实的基础。③ 结合省里的统一要求,河源源城、云浮云安、梅州蕉岭、清远阳山、肇庆高要等地的15个村曾开展农村土地承包经营权确权登记颁证试点,为土地确权与流转改革探路。

---

① 参见施坚雅《中国农村的市场和社会结构》,中国社会科学出版社1998年版,第40页。
② 于建嵘:《新时期中国乡村政治的基础和发展方向》,载《中国农村观察》2002年第1期。
③ 参见广东省农业厅《广东省农村土地承包经营权确权登记颁证实施方案》(粤农〔2014〕275号),2014年10月13日。

（一）土地确权稳定承包权

家庭联产承包责任制是我国农村的一项基本经营制度。其运行 30 多年来，在确保农村社会稳定、保障粮食安全以及保护农民利益等方面持续发挥着重要作用。然而，伴随着市场化与城镇化发展进程的深入推进，该制度的运行正逐步面临着三大方面的重要挑战。一是从事农业劳作的青壮年人口流失、土地增产不增收等因素导致农村土地抛荒比较严重，家庭联产承包责任制的效率得不到有效发挥；二是部分农村地区出现不规范的转包、转租及换地等现象，缺乏乡镇政府及村委会的引导，产生了非常多的问题和矛盾，为稳定家庭联产承包责任制埋下了定时炸弹；三是在城镇化进程中，土地租金大幅飙升，部分农村地区借征地或流转的名义大搞非农建设，出现土地非粮化趋势，弱化了家庭联产承包责任制的制度效能，危及国家的耕地保护政策和农业生产安全。

基于此，如何既能进一步巩固和完善家庭联产承包责任制的制度效能，又能在新的历史时期发挥该制度对于农业产业化的促进作用？以土地确权稳定承包权便是广东省给出的答案。

按照广东省的总体要求，"农村土地承包经营权确权登记颁证，是依据有关法律法规，以二轮土地承包台账、农村土地和户籍资料等为基础，以现代信息技术为手段，通过收集资料、制作底图，外业调查、内业处理、张榜公示、签印确认、审核颁证等程序，由县（区、市）农村土地承包管理部门将家庭农户承包土地的地块、面积、空间位置等信息及其变动情况记载于登记簿，由省级农业主管部门统一印制农村土地承包经营权证书，加盖县级人民政府印章后颁发到农户，重点解决承包地块面积不准、四至不清、空间位置不明、登记簿不健全等问题，实现承包地面积、承包合同、经营权登记簿、经营权证书'四相符'，承包地地块、四至边界、承包合同、承包经营权证书'四到户'"①。按照这一要求,广东各地对土地确权的具体做法进行了不同的探索。

廉江市是广东省18个农村土地承包经营权确权登记颁证试点县市之一,他们采取了分类推进的土地确权办法,根据承包地的类型和村情民意,分别选择了代表城郊型、平原型和山区型的3个村委会进行土地确权试点。其中,"城郊型农村主要特点是靠近城区,因城区建设的需要,土地被征用得较多,农民十分珍惜土地,土地利用率较高,土地丢荒的极少,土地珍贵,地块界线清楚。此外,长年到外地打工的农民相对较少,找农民指界、签字确认相对容易。平原型农村主要特点是地势平坦,地块较大,土地连片流转相对较多,承包地确权工作也相对简单一些。山区型农村土地零碎,大多是山埔田,地块较小,再者山区耕作条件较差,丢荒弃耕现象相对较严重,农民长年外出打工偏多,给确权工作的地块指界、登记、签字确认带来很大困难"②。虽然不同类型的村在土地确权中采取的工作方法和重点不同,但是廉江市仍然坚持了调查、登记、公示、确认、发证的确权程序,做到确权工作公开透明、程序规范,圆满完成了土地确权的预期任务。

江门市新会区则探索出了"两田制"确权方式。新会区作为国家农村综合改革示范试点,是广东省内最早推进土地确权的区域之一。"在坚持'确地为主,分类实施'和'尊重民意,农民主体'的原则基础上,新会提出了土地确权的'二分法'思路,探索建立了'两田制'确权方式:对农户家庭承包的'口粮田'实行人地对接,采用确地确权到户的方式;对一直由集体统一发包的'经济田',采用确权确地(份额)到户,并完善委托手续,继续由集体

---

① 广东省农业厅:《广东省农村土地承包经营权确权登记颁证实施方案》(粤农〔2014〕275号),2014年10月13日。

② 黄进:《广东湛江廉江分类推进土地承包经营权确权》,载《南方日报》2015年9月29日。

统筹经营，农民按份额获取相应的土地收益的方式。"① 新会"两田制"确权是在新的历史条件下对农村统分结合双重经营体制的一种新的探索，不仅让所有村民分享集体收益，实化土地所有权，而且按照法律法规妥善解决了"外嫁女"和"代耕农"等历史遗留问题，为全国的农村土地确权提供了宝贵的经验。

目前，广东省土地确权登记颁证工作已经基本完成。从试点地区的完成情况和成效来看，土地确权受到了农民的大力拥护，也给农民带来了真真切切的收益，进一步巩固和完善了土地承包权。一方面，土地确权大幅提升了农民的土地流转收入。比如，在江门市新会区南安村，土地流转租金在确权前是 900 元/亩，确权后提高到 1500 元/亩，每 5 年租金递增 20%，土地确权使南安村土地流转收入增加了 48 万元。② 另一方面，土地确权为土地承包经营权纳入抵押品登记范围创造了条件。早在 2012 年 7 月 25 日出台的《广东省建设珠三角金融改革创新综合实验区总体方案》就提出要试点农村宅基地和土地承包权抵押。2015 年 3 月 6 日，广东省政府又发布了《关于深化农村金融改革建设普惠金融体系的意见》，明确提出要创新农贷抵质押方式，在确权登记颁证的基础上把农村土地承包经营权、林权、农村集体建设用地使用权、农民住房财产权、海域使用权等纳入抵押品登记范围。③ 这将大幅增加农村地区的金融资源，有效提升金融资源在涉农领域的配置效率。

---

① 陈志深：《新会确权基本完成，零碎土地连片流转》，载《南方农村报》2016 年 3 月 3 日。

② 参见陈志深《新会确权基本完成，零碎土地连片流转》，载《南方农村报》2016 年 3 月 3 日。

③ 参见郭家轩、黄倩蔚《广东将在 3～5 年建成较为完善普惠金融体系，土地承包权将可作信贷抵押品》，载《南方日报》2015 年 3 月 7 日。

(二) 土地流转放活经营权

确权是基础，流转才是目的。"土地流转和适度规模经营是发展现代农业的必由之路，有利于优化土地资源配置和提高劳动生产率，有利于保障粮食安全和主要农产品供给，有利于促进农业技术推广应用和农业增效、农民增收。"① 事实上，"早在2001年，广东农村的土地流转发生面积就已经达到16.6万公顷，占全省耕地面积的7.93%，涉及农户105.05万户，占农户总数的9.22%"②。截至2007年12月底，广东省农村土地承包经营权流转面积已达422万亩（比2003年增加约100万亩），占农村家庭承包面积的14.4%。其中，农户自发流转的面积146万亩，占34.6%；经农户同意并委托集体统一流转的面积276万亩，占65.4%。土地流转涉及农户202万户，占家庭承包户的18.2%。③ 然而，上述这些土地流转大部分发生在发达的珠三角地区农村，广东全省范围内的土地流转工作则迟滞至2014年才大规模起步。从改革实践来看，在农民自发流转之外，广东农村土地流转有两类典型经验对于放活土地承包经营权发挥了巨大作用，推动着土地经营权向更有效率和更有风险承受能力的家庭农场、专业大户、农民合作社、涉农企业、农业社会化服务组织等经营主体集中，实现土地规模经营。

1. 珠三角地区的土地股份合作制

如中山市、东莞市、佛山市、深圳市等地的土地流转。"珠三

---

① 中共中央办公厅、国务院办公厅：《关于引导农村土地经营权有序流转发展农业适度规模经营的意见》，载《人民日报》2014年11月21日。

② 谢水仙：《广东欠发达山区优化土地资源配置途径探讨——基于土地流转视角》，载《广东农业科学》2009年第12期。

③ 参见《全省14.4%农地承包经营权已流转》，载《南方日报》2008年10月29日。

角地区的土地股份合作制是运用市场化方式对政府单一配置土地的纠偏,在土地产权管制放松的背景下,创造性地建立了村级土地流转市场,将集体土地统一规划、统一出租给企业,集体经济组织和农民以土地入股的方式分享农地非农化过程中土地的级差收益。"①土地股份合作制不同于农民自发的土地流转,它实现了农户土地联合的统一交易,降低了企业进驻的交易费用,极大地催生了珠三角地区民营经济的发展,形成了庞大的物业经济,推动着集体经济组织及成员的收入增长。但是,这种土地流转方式在节省交易费用、推进规模经营的同时,也带来了政经不分、产权不明晰、"外嫁女"权益保护不足等问题,构成了21世纪初佛山市南海区启动政经分离改革的动因。

2. 产权交易中心规范流转

以蕉岭经验最为典型。蕉岭是一个欠发达的农业县,面临着日益严重的人口外流和土地抛荒问题,这也是广东大部分农业县市面临的共同问题,因而蕉岭的农村综合改革,特别是土地确权与土地流转经验受到了广泛重视。蕉岭土地产权改革的第一步就是开展农村土地承包经营权确权登记颁证工作。蕉岭先后出台了《全国农村综合改革示范试点工作实施方案》《农村土地承包经营权确权登记颁证工作方案》,并成立了村级理事会疏通民意,通过调查、登记、公示、确认、发证、归档等程序,到2014年基本完成了农村土地确权工作。以此为基础,蕉岭又出台了《农村产权交易管理办法(试行)》《农村土地承包经营权流转细则》等文件,成立了广东省首家县级农村产权交易中心,并着力打造农村产权三级服务体系,组建镇级农村产权交易中心,在行政村设立农村产权交易代办员,

---

① 李怡:《农村土地流转的效率评价与思考——以广东珠三角为例》,载《农村经济》2014年第7期。

为农村土地承包经营权流转交易的规范运行提供了制度保障。

通过规范化的产权交易，蕉岭以土地确权为先导的产权交易中心规范流转形式的改革成效正逐步显现出来。一方面，蕉岭经验极大地激活了土地经营权，正如华中师范大学中国农村研究院的邓大才教授所言，"通过土地确权以及流转，尤其是通过这种产权交易平台的规范流转，使得农民与市场的联系更加紧密了。因为以前农民与市场的联系更多的是体现在产品上的，比如买化肥、卖粮食。通过土地要素与市场的连接是一个巨大的飞跃。这可能会从根本上改变未来农业、农村、农民的状况，包括城镇化的进程"[1]。另一方面，农村产权交易中心的运行在有效降低交易双方交易成本的同时，也通过市场配置机制提升了土地资源的价值，进一步提高了农民的收入。正如蕉岭县广福镇石峰村村民罗文伟所言，"以前的地是零零散散的，没人要。现在都确权了，土地四至清楚，面积明白，流转起来方便多了""我们村的地都完成了确权，所以可以成片出租给公司，价值高了好多。以前没有确权的时候，一亩地才300块到400块一年，现在可以达到一年1000块每亩"[2]。

---

[1] 转引自张风云《农民与市场从来没有这么近——由广东蕉岭县八宗土地流转看农地改革》，载《农民日报》2013年12月19日。

[2]《广东农村土地承包经营权确权将于2015年全面铺开》，载《南方日报》2014年12月30日。

四、"优化监管":强化农村集体资产监管权

随着广东农村集体经济不断发展壮大,农村集体资产的规范化管理需求便日益迫切,为此,政府对于农村集体资产的监管问题便快速进入了政策议程。就乡村治理创新而言,强化农村集体资产监管权,能够为农村产权改革构建一套稳固而有效的监督机制,防止农村集体资产在运营、交易等过程中被瓜分侵占,积极营造美丽乡村建设的廉政环境。在此背景下,广东省利用现代信息技术手段,通过清产核资、建立农村集体"三资"管理服务平台以及探索"互联网+农村集体资产管理",力图将农村集体经济组织和村干部的权力关进制度的笼子而在阳光下运行,极大地强化了农村集体资产监管权,有效地化解了因集体资产管理不规范和不透明带来的社会矛盾,促进了农村经济又好又快发展,保持社会长期和谐稳定。

(一)开展清产核资

广东省在2012—2013年期间开展了农村集体资产清产核资工作,全面清产登记、公示确认、建立台账,并实行动态管理,初步摸清了农村集体"三资"底数;2015年又制定《广东省农村集体资产清理核实工作方案》,决定以2012—2013年全省农村集体资产清产核资结果为基础,再用半年时间对全省农村集体资产进行清理核实,通过"自查核实、张榜公示、补充完善、审核确认、建立台

账"五个环节进行"清理核实"后录入平台系统。但是，对于2012—2013年没有进行"清产核资"的或"清产核资"不彻底的地方，则需要在"清理核实"工作中一并部署完成"清产核资"工作。

（二）建设农村集体"三资"管理服务平台

2014年12月11日，中共广东省委、省政府专门召开了全省推进农村集体资金资产资源管理服务平台建设工作电视电话会议，传达《关于加快推进农村集体资金资产资源管理服务平台建设的意见》及配套政策精神，提出要在2015年年底全面建成县、镇、村三级农村集体"三资"管理服务平台并实现互联互通，到2016年年底力争建成全省统一的农村集体"三资"管理服务平台体系。

佛山市南海区是广东省较早开展农村集体资产管理交易平台建设的试点单位，曾作为全国唯一一个区级单位在2012年全国农村党风廉政建设工作经验交流会上分享经验，对广东省后来的县、镇、村三级农村集体"三资"管理服务平台建设具有很大的借鉴作用。

第一，建章立制、明晰规则。为实现农村集体资产的科学管理和透明管理，南海区按照集体资产管理、交易、监督相统一的思路，出台了《南海区农村集体资产管理交易平台建设试点工作方案》《关于全面推进农村集体资产管理交易平台建设工作的意见》《南海区农村集体资产管理交易流程》以及《南海区农村集体资产管理交易办法（试行）》等系列文件，制定了资产交易立项、镇（街道）审核、交易信息发布、民主表决、合同签订鉴证、交易结果公布等工作流程的表格蓝本，明晰了集体资产交易监管范围、组织、程序与纪律等，力图做到交易前、交易中及交易后的全流程、精细化管理，实现农村集体资产交易管理与监督的制度化和科学化。①

第二，搭建分级管理交易平台。依据不同的面积和标的额，南海区建立了镇、村两级农村集体资产管理交易平台，把原本分散在各处的大大小小的集体资产交易统统整合到管理交易平台上，实现了集中化管理。该平台以前期对各村、组集体资产全面清产核资的数据为基础，建有资产管理和资产交易两大模块，创建了资产管理、资产交易与合同管理3个台账，并且区、镇、村的相关数据能够互联互通，对每宗资产交易能够进行实时动态查询和监管，做到网上信息公开、网上电子审批、网上实时监管，将交易放在阳光下进行。

第三，强化民主监督。南海区通过农村集体资产管理交易平台来规范农村集体资产管理，自始至终都非常强调村民的民主参与和民主监督。交易前，通过村组公布栏、广播、电视、网络等媒介刊登或播放资产交易信息，最大限度地保障居民的知情权。"交易时，必须由村民代表和理财组成员到场见证监督，交易每一个环节、每一个细节都进行视频监控，做到交易既严肃严密又公开透明。进入镇（街道）交易中心交易的、属于村委会（经联社）的集体资产由辖下每个经济社派1~2名代表到场见证，属于经济社的集体资产由村'两委'干部与该社3~5名村民代表和理财组成员在场见证监督；由村组自行组织交易的、属于村委会（经联社）的集体资产，原则上由辖下每个经济社派2~3名代表到场见证，属于经济社的集体资产，由村'两委'干部与该社所有村民代表和理财组全体人员在场见证监督"②，使得整个集体资产的交易活动始终在村

---

① 参见耿静超、石大立《佛山市南海区创建农村集体资产管理交易平台的探索与分析》，载《南方农村》2011年第5期。

② 邓伟根、向德平：《捍卫基层——南海"政经分离"体制下的村居自治》，华中科技大学出版社2012年版，第93页。

民的关注、参与和监督之下进行，有利于防控潜在的廉政风险。

（三）探索"互联网+农村集体资产管理"

东莞市作为创建全国农村综合改革示范试点市，近年来在全面完成农村集体资产交易平台建设、基本实现集体资产平台交易"全覆盖"的基础上，在全省率先探索"互联网+农村集体资产管理"，开创了集体资产网上交易新模式。

集体资产网上交易模式的载体是集体资产网上交易平台。东莞市农村集体资产网上交易平台于2015年9月29日上线运行，同年10月20日完成首批交易。借助网上交易平台，所有集体资产交易项目均面向全社会开放，通过网络报名申请、网上缴纳保证金、网上竞价、网上拍卖等流程，能够有效扩展交易的时空边界。交易竞投人无论身在何处都可以通过网络终端参与交易，这对于改善原先存在的集体资产交易范围狭窄、流动性差等问题有很大的帮助，能够使东莞集体资产公开交易的平台从局限在东莞市当地的"有界"交易转为向全国各地开放的"无界"交易。[1]

集体资产网上交易平台除了交易功能之外，还具备全覆盖、全天候的监控功能。借助该平台，"东莞将该市近3100个农村集体经济组织全部纳入集体资产网上交易平台实时全程监控，对村组股东分红、土地资金、接待费用、大笔现金流、合同收款进度等重要项目和每一份合同、每一笔开支、每一张凭证进行监控，尽力做到消除群众猜疑，堵塞管理漏洞"[2]。此外，针对集体资产网上交易平台受众面广、社会影响力大的特点，东莞市还将建立集体资产网上

---

[1] 参见《东莞农村综合改革创新四大机制，资产管理进入"互联网+"时代》，见 http://dg.people.com.cn/n/2015/1203/c102744-27884326.html，2017年1月10日。

[2] 刘远忠：《广东东莞创新农村综合改革，集体资产管理实现"互联网+"》，见 http://www.chinanews.com/df/2015/12-02/7653018.shtml，2017年1月10日。

交易平台应急机制，以应对突发情况，确保集体资产网上交易平台顺利运行。①

通过"互联网+农村集体资产管理"模式，农村的集体资产不仅能够更快速、便捷、深入地对接市场，在更大时空范围内合理配置资源，提升集体资产的市场价值，而且能够最大限度地减少各个交易环节的人为干扰，有利于政府的实时、动态监管。

五、小　　结

（一）成效

广东基层农村产权改革有深刻的现实背景，经过农村集体经济组织产权改革、集体土地"三权分置"创新、集体资产监管权优化等举措，基层治理创新层出不穷，在推动集体经济做强做大、农业适度规模化经营、农民福利水平提升等方面取得了明显成效。

第一，理顺了基层治理主体间的多元协同关系，有利于农村集体经济组织管好用活。通过政经分离改革，推进选民资格、组织功能、干部管理、账目资产、议事决策"五分离"，让基层社会的党组织、自治组织、集体经济组织、群团组织以及社会组织等治理主体各归其位，从而打破了政经合一的体制束缚，为集体经济组织的专业化、规范化管理提供了条件。

---

① 参见《东莞全面推进集体资产网上交易》，载《东莞日报》2016年3月18日。

第二，农村集体经济对接市场的能力明显提高，有助于农村集体经济保值增值和提升农民权益。具体而言，农村集体经济组织权属改革形成了明晰的产权结构，农村集体经济组织成员权改革理顺了收益分配关系，农村"三资"网上交易平台则为交易提供了更广阔的市场空间。这些举措为农村集体经济进一步对接市场创造了重要条件，使其市场化能力不断提高。借助市场在资源配置中的作用，广东农村集体经济将更容易保值增值，农民的权益保障水平也将逐步提高。

第三，在城镇化和市场化的历史进程中，成功解决了"谁来种地"和"地怎么种好"两个难题。在劳动力迁移的大背景下，广东农村集体土地产权改革为全国的土地"三权分置"创新积累了丰富经验。通过集体土地"三权分置"创新，有利于在保护原承包户利益的基础上推进土地适度规模经营，培育出了专业大户、家庭农场、农业企业等新型经营主体以及专业合作社等新型农业社会化服务主体，进而解决"谁来种地"和"地怎么种好"两个大难题，拓展了集体土地所有制的有效实现形式，为中国特色新型农业现代化开辟了新道路。

第四，建立健全了农村"三资"管理领域中的廉洁长效机制。通过清产核资，政府摸清了各集体经济组织的情况，建立了资产台账，为科学化监管和预防贪污腐败提供了条件；通过"三资"管理服务平台及推动"互联网+农村集体资产管理"，将农村"三资"的交易管理纳入实时的全天候监控之中，不仅有利于管理效率的提升，更堵住了管理漏洞，搭建起不敢腐、不能腐的廉洁长效机制。

（二）经验

第一，农村产权改革通过"界定资格"解决了"谁来治理"和"谁受益"的问题，有助于乡村治理结构的创新。"界定资格"

是农村集体经济组织改革的关键举措。其中,划分清晰的治权资格和集体资产权属资格为集体经济组织的专业化和规范化管理创造了条件,有利于其向现代企业经营治理结构迈进,更好地与市场接轨;界定明确的集体经济组织成员资格及股权资格,有利于理顺集体经济收益的分配关系,在减少农村基层矛盾和纠纷的同时,更有效地确认和实现农民权益。更重要的是,合理地界定和配置不同治理者和受益者的权利与责任关系,将集体经济及集体经济组织的完整产权边界凸显出来,实现了乡村社会多元治理主体的责、权、利统一,为地方治理创新者推动乡村治理结构转型和探索科学合理的治理体系提供了重要指引。

第二,农村产权改革通过"对接市场"回应了"资源配置"与"资源获取"的问题,有利于乡村治理能力的提升。"对接市场"是农村土地产权改革的核心机制。其中,以土地确权稳定承包权,能够延续家庭联产承包责任制的制度优势,进一步把农民的土地权利固化到农户,不因改革而削弱;而土地流转放活经营权,通过土地股份合作制或产权交易平台推动土地流转,不仅有效降低了交易成本,还提升了土地在资源配置中的市场价值,进而让土地与市场的对接、农民与市场的联系更加紧密,让农民和农村拥有更大的资源获取能力。尤其不可忽视的是,在稳定承包权基础上放活经营权,培育出了新型经营主体和新型农业社会化服务主体等新的农村治理主体,在活化农村市场的同时,进一步增强了农民的市场应对能力,从而在治理能力层面为乡村治理创新开辟了新途径。

第三,农村产权改革通过"优化监管"处理了"风险防控"和"实时预警"的问题,为创新乡村治理提供了廉政环境。"优化监管"是农村集体资产监管改革的重要环节。其中,开展清产核资和建设"三资"管理服务平台,推动着集体资产管理的规范化、科学化和透明化,有利于集体经济不断发展壮大;而探索"互联网+农村集体资产管理"不仅使农村集体资产能够更快速、便捷地对接市场，变"有界"交易为"无界"交易，在更大时空范围内合理配置资源，提升其市场价值，而且有助于实时预警产权交易中的廉政风险。尤其需要强调的是，建立一套具有信息化特色的集体资产监管体系，在优化监管的同时推动形成了不敢腐、不能腐、不想腐的乡村廉洁长效机制，为创新地方治理的监督保障机制提供了方向。

（三）启示

随着中国农村综合改革的深入推进，重构乡村治理创新的经济基础显得日益迫切和重要。广东农村产权改革的实践表明，现阶段，农村产权改革主要从结构、能力和监督三个层面为乡村治理创新创造了新的有利条件，重构了乡村治理创新的经济基础。在此历史进程中，"产权改革的治理创新"理论解释对于乡村治理及农村产权改革皆具有重要的启示意义。

一方面，产权与治理密不可分，在中国基层农村这一特定场域中，与党的领导权、政府的行政权、村委会的自治权及公民的参与权相比，以产权为中心的经济权改革是农村治理创新的重要保障。现阶段，通过农村产权改革的治理创新进路，能够有效建立权责明晰、经营灵活、分配公平、管理科学的农村产权运行机制，重塑乡村治理的经济基础，进而推动作为上层建筑的乡村治理体系优化创新，如新型农业经营主体、新型农业社会化服务主体、产权交易中心等治理主体不断壮大发展，形成了南海"政经分离"等著名的地方治理创新经验。另一方面，农村产权改革要正确处理国家、社会与市场三者的互动关系。为探索集体所有制的有效实现形式，从国家来看，政府应明确政策底线，把握好自身的指导推动角色，尽力摒弃政治权力对于集体经济、集体土地经营的直接干预，为产权改革划定政策红线，更要借助大数据等信息手段强化对产权改革和集体资产的监管；就社会而言，农村产权改革务必要坚持农民主体地位，维护集体特别是农民的合法权益；在市场层面，农村产权改革要通过明晰权属结构、培育新市场主体、提升组织的市场对接能力等来发挥市场在资源配置中的决定性作用。总之，国家是农村产权改革最为关键的推动力，在国家的大力推动下，基层农村内部的产权改革需要平衡社会与市场的二维关系，改革切勿唯市场化，更不能因强调农村产权的社会性而拖延改革。

第四章

规范群众自治组织的权力

群众自治组织的"权力"主要是指其根据法律法规所享有的"自治权"。对自治权的界定首先得理解"村民自治"这一概念。但是,学术界对村民自治的定义大多是从《中华人民共和国宪法》(以下简称《宪法》)和《村民委员会组织法》对"村民委员会"的界定中推导出来的,形成了多种不同的解释。正是由于学界对"村民自治"的界定不统一,与"村民自治"内涵相关的"自治权"概念也很难从中找到一种相对合理的解释。为了深入分析基层社区的自治权的运行机制及其存在的问题,本章试图对自治权的内涵予以进一步分析。从村民自治的理论和实践来看,如果要理解自治权的内涵,就需要对村民自治的主体进行把握和分析。

对村民自治主体的界定一般有三种观点。第一种观点是"以村民个人为单位说",主张村民自治应当以"村民"为核心,由村民依法管理自己的事情。第二种观点是"以村民委员会为单位说",提出村民委员会是村民自治的主体,应由村民委员会行使自治权。第三种观点是"以村为单位说",认为村民自治的实质是以村为单位的"村自治",其主体就是全体村民,由全体村民通过村民自治章程来规定与全村公共事务和公益事业有关的基本自治事项,并通过村民会议、村民委员会这两种组织形式来依法享有自治权,依法处理与全村村民切身利益相关的公共事务和公益事业。[1]

我们基本赞同"以村为单位"的说法,自治权的主体应该是全体村民。但是,按照现阶段村民自治的现实情况和发展趋势,代表全体村民来行使自治权的组织形式并不能仅仅限于村民会议和村民委员会,还应当将村民议事会、村务监督委员会、村民小组等层级的群众自治组织囊括进来,因为这些自治组织在管理与全村村民切身利益相关的公共事务和公益事业中也承载了不可替代的职能和责任。因此,根据《宪法》和《村民委员会组织法》的相关规定,本章所指的"自治权"主要是指通过村民大会、村民代表会议、村民议事会、村民委员会、村民小组等村级群众自治组织来管理村中公共事务和公益事业的权力。从这个定义来看,正是这些村级群众自治组织构成了自治权内部的纵横权力结构,横向上体现为村民(代表)会议、村民委员会和村务监督委员会之间的相互关系,纵向上体现为村民委员会(行政村)与村民小组(自然村)之间的相互关系。正是基于从纵横结构关系来理解自治权,有利于更为深入地分析群众自治组织的权力的现实背景和探索实践及其所展现的逻辑进路。

---

[1] 参见崔智友《中国村民自治的法学思考》,载《中国社会科学》2001年第3期。

一、现实背景与逻辑进路

(一) 现实背景

随着村民自治的不断深入推进,自治权在多种因素的共同作用下具有内部和外部的双重紧张性。外部的紧张性主要体现为领导权、行政权与自治权的紧张,由于本章主要聚焦于分析自治权的内部紧张,故不在此深入分析。自治权内部的紧张性则主要表现在其组织结构的纵横两方面:横向组织结构上的紧张表现为村民(代表)会议、村民委员会与村务监督委员会的矛盾;纵向组织结构上的紧张主要表现为村民委员会(行政村)与村民小组(自然村)的矛盾。基于此,规范群众自治组织的权力的现实背景主要是自治权内部结构所面临的矛盾和紧张。

1. 从自治权的横向来看,组织结构的紧张表现为村民(代表)会议、村民委员会与村务监督委员会的矛盾

《村民委员会组织法》第二十一条规定:"村民会议由本村十八周岁以上的村民组成。"这表明村民会议是村民自治的"权力机关",其权力主要有审议村民委员会的年度工作报告、评议村民委员会成员的工作、撤销或者变更村民委员会不适当的决定等。第二十五条又规定:"人数较多或者居住分散的村,可以设立村民代表会议,讨论决定村民会议授权的事项。"村民代表会议是村民会议

的替代形式,在村民会议难以召开的地方代为行使村民会议的基本职权。《村民委员会组织法》第二十四条对村民会议涉及村民利益的事项可行使的权力进行了具体规定:本村享受误工补贴的人员及补贴标准,从村集体经济所得收益的使用,本村公益事业的兴办和筹资筹劳方案及建设承包方案,土地承包经营方案,村集体经济项目的立项、承包方案,宅基地的使用方案,征地补偿费的使用、分配方案,以借贷、租赁或者其他方式处分村集体财产,村民会议认为应当由村民会议讨论决定的涉及村民利益的其他事项。

村民委员会由村民直接选举产生,拥有对农村生产与经济发展、纠纷调解等事情进行依法管理的权力;同时《村民委员会组织法》也规定村民委员会要执行村民(代表)会议的决定和决议,热心为村民服务,接受村民监督。从有关法规可以看出,村民(代表)会议是村民自治的决策机关,它将公共权力的执行权委托于村民委员会代理行使;而村民委员会是村民会议的执行机关,负责处理村民自治的公共事务。另外,《村民委员会组织法》第三十二、三十三条对村务监督委员会也做了相关的规定,即"村应当建立村务监督委员会或者其他形式的村务监督机构,负责村民民主理财,监督村务公开等制度的落实,其成员由村民会议或者村民代表会议在村民中推选产生,其中应有具备财会、管理知识的人员。村民委员会成员及其近亲属不得担任村务监督机构成员。村务监督机构成员向村民会议和村民代表会议负责,可以列席村民委员会会议","村民委员会成员以及由村民或者村集体承担误工补贴的聘用人员,应当接受村民会议或者村民代表会议对其履行职责情况的民主评议。民主评议每年至少进行一次,由村务监督机构主持。村民委员会成员连续两次被评议不称职的,其职务终止"。从有关法规可以看出,村务监督委员会在村民自治实践中发挥了监督村民委员会及其他自治组织的作用,有利于实现乡村治理过程中权力之间的制衡。然而,上述三个村级组织在实践中的运行并没有完全达到制度设计的理想状态；现实情况是，在很多地方的基层治理过程中，三者之间的权力运行表现为一种"失衡"状态。

以广东省为例，1999年12月，广东正式废止了具有地方特色的农村管理区体制，开始朝着村民自治的农村基层治理体制转变①；截至2014年，广东已经完成了一共6届的村民委员会换届选举。广东在基层农村推行实施村民自治具有重要的意义与作用，它有效引导了村民自主管理农村的公共事务与公益事业，促进了村民民主决策、民主管理和民主监督等权利的实现，有效推动了地方的经济发展和社会稳定。

然而，在广东推行村民自治的实践过程中，我们也发现仍然存在一些亟待破解的问题。

第一，由于村民（代表）会议是由村民委员会召开的，而且并不经常召开，村民委员会权力逐渐扩大，以致"村民委员会的主要领导往往掌控了村民代表大会，他们在议程设置上把自己摆在重要的位置上"②，导致村民（代表）会议在村民自治实践中的地位并不突出，使村民自治实际上变成村民委员会主导下的自治，造成村民（代表）会议与村民委员会出现委托权和代理权的冲突与矛盾。

第二，村民委员会将自身视为上级政府的代言人，成了政府的"一条腿"。村民委员会为了有效贯彻上级政府的指示与行政命令和完成上级政府交代的任务，往往凌驾于村民（代表）会议之上；或绕开村民（代表）会议代替其行使决策权，从而使村民委员会仍具有行政化的色彩。由于村民委员会承担了过多繁重的行政事务，并不能专注于解决基层农村社区的内部事务，造成与村民息息相关的问题长期积累而无法得到有效解决。

---

① 参见王金红《村民自治与广东农村治理模式的发展：珠江三角洲若干经济发达村庄治理模式发展的案例分析》，载《中国农村观察》2004年第1期。

② Jean C Oi, Scott Rozelle. Elections and Power: The Locus of Decision-Making in Chinese Villages. The China Quarterly, 2000, p. 162.

第三，由于村民委员会所具有的"一权独大"的弊病，也给村干部带来了贪污腐败、以权谋私的机会和空间，以致引发了不少村民内心的不满和愤怒，激化了村民委员会和村民之间的矛盾与冲突，给基层农村社会带来了不少隐患和危险。近年来，因土地利益纠纷引发的集体上访频发、越级上访以及群体性事件此起彼伏。例如，2011 年汕尾市乌坎村的村民与政府激烈冲突的事件、2013 年台山市浪波村村民因土地被村领导私卖而抗议示威的事件、2015 年普宁市马栅村村民因上访未得到有效处理而冲上高铁站的事件。这些大规模的群体性事件无一不与"村干部腐败"密切相关，从而给基层秩序带来了严重而恶劣的影响。

第四，广东省内许多地方在实现农村基层改革之后，有些村落规模比较大、村民人数和村民代表数量多、内部利益分化剧烈，村民缺乏一个可让其广泛参与议事决策的有效平台，或者即使有议事平台但议事决策无民主、无规范和无程序，这也是导致"村民自治"逐步演变成"村干部自治"的重要原因。

第五，在广东一些地区所设立的村务监督委员会呈现出一种"虚设""摆设"的现象，或者监督工作存在"走过场"、形式化的弊端，并不能对村民委员会及其工作人员的违法行为进行有效的监督和纠正。因此，针对上述这些给广东基层自治带来消极影响的问题，有必要理顺横向上村民（代表）会议、村民委员会与村务监督委员会的矛盾，以探索寻找有效的实现形式来克服这些乡村治理过程中的不良现象。

2. 从自治权的纵向来看，组织结构的紧张表现为村民委员会（行政村）与村民小组（自然村）的矛盾

村民小组是农村基层最基本的组织单位，它建立在一个甚至几个自然村或过去的生产队之上。它既是联系村民和村民委员会的桥梁，也是向村民委员会反映村民利益诉求的中介，是"一个天然的利益共同体"①。《村民委员会组织法》第三条和第二十八条规定，"村民委员会可以根据村民居住状况、集体土地所有权关系等分设若干村民小组""村民小组组长由村民小组会议推选""属于村民小组的集体所有的土地、企业和其他财产的经营管理以及公益事项的办理，由村民小组会议依照有关法律的规定讨论决定，所做决定及实施情况应当及时向本村民小组的村民公布"。可见，村民小组是由村民委员会设立并接受其领导的，它必须根据村民会议的决策和村民委员会的要求，管理村民小组的公共事务。

但是，由于村民委员会和村民小组之间权力关系未理顺、事权分工不明确，产生了不少冲突。

第一，因村民小组是由村民委员会根据需要设立并接受其领导的，所以村民委员会掌握了很大的主动权。有些地区理所当然地把村民委员会与村民小组的关系当作上下级关系，把村民小组视为其一个下属机构，甚至直接任命村民小组组长，从而弱化了村民小组的地位。

第二，在事权分工上，有些地方的村民委员会代替村民小组管理本组事务和集体财产，出现小组集体财产被乱用、挪用或侵占等现象，引发村组之间的经济纠纷。也正是这些冲突的作用与影响，促使村民自治形成了"村实组虚"②的格局，这并不利于村民参与基层公共事务和公益事业的管理，在很大程度上限制了农民主体能动作用的发挥，抑制了村民参与村庄建设、发展的热情和积极性。

在广东，一些地方也存在"村实组虚"的现象，它给广东的基层治理带来了不少的问题和影响：政府公共服务的提供和社会管理并不能有效渗透到最底层的单位，有些民众无法享受实实在在的服务供给；村民委员会职能行政化和自治功能虚化，由于其疲于应付

---

① 程同顺、赵一玮：《村民自治体系中的村民小组研究》，载《晋阳学刊》2010年第2期。

② 徐勇、周青年：《"组为基础、三级联动"：村民自治运行的长效机制——广东省云浮市探索的背景与价值》，载《河北学刊》2011年第5期。

上级交办的行政任务，与村民小组的事务管理难以形成对接；有些村民委员会并不掌握村民小组的集体资产，统筹发展不同村民小组的集体资产的难度很大，造成农村集体经济难以发展；一些行政村的自治规模过大和管辖范围广阔，村民缺乏有效顺畅的参与渠道，村中大小决策无法反映村民的普遍愿望和期待。同时，农村的人口现状出现空心化、老人化、年幼化等现象，致使村民委员会这一级组织的农村公共服务和社会管理难以到位，出现了不少棘手的社会难题。不难想象，如果广东要形成良性的基层治理体制，也必须要正视这些纵向上的问题，以采取一些积极有效的创新形式来化解村民委员会与村民小组之间的矛盾。

（二）逻辑进路

为了解决基层农村社区所面临的上述问题，广东一些地区结合自身所存在的问题和困难，根据村民自治的现实发展需要采取了一些具有创新性的制度安排或制度设计（见表4-1），以理顺自治权内部的纵横结构之间的权力关系，从而推动基层治理的发展，维护村民的民主权利和合法权益。就这些地方探索实践的创新性经验而言，佛山市三水区实施的"三权分设"、梅州市蕉岭县推行的"三元制衡"，其目的就是要理顺村民（代表）会议、村民委员会与村务监督委员会之间错综复杂的关系，划清它们之间的权力界限并实现三者之间的权力平衡。潮州市通过设立乡贤咨询委员会，赋予了它咨询建议的功能，在决策、执行与监督之间起到了很好的补位作用；梅州市蕉岭县实行的"多层共治"、佛山市三水区设立的两级"小人大"、云浮市推广的"上下联治"以及清远市推行的"自治重心下移"，这些实践的目的就是要理清村民委员会与村民小组之间的上下级关系，加强村民小组及其他组织载体在基层自治中的作用与地位。由上可知，对这些制度创新的探索实践就是要达到优化自治权内部的纵横结构之间的关系，从而有效地规范群众自治组织的权力，以推动村民自治的发展。

表4-1 广东规范"自治权"典型案例

面临问题	横向结构的矛盾	纵向结构的矛盾
应对措施	理顺村民（代表）会议、村民委员会和村务监督委员会的关系	理清村委会与村民小组之间的关系
典型案例	佛山三水"三权分设" 梅州蕉岭"三元制衡" 潮州"乡贤咨询委员会"	梅州蕉岭"多层共治" 佛山三水两级"小人大" 云浮"上下联治" 清远"自治重心下移"

综合这些实践经验来看，这些制度创新形式的逻辑进路体现在双重关系的转化：一是将村民委员会凌驾于村民会议和村务监督委员会之上的关系有效转化为三者之间相互监督和制约的关系，二是将村民委员会与村民小组之间的上下级关系和直接替代关系有效转化为使村民小组成员与村民委员会之间发生联系和沟通的桥梁。（如图4-1所示）总之，实现双重关系的转化就是要推动基层自治事业的发展，并为进一步探索基层治理新形式提供重要的经验启示。

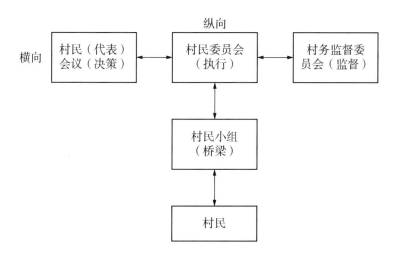

图4-1 自治权内部关系

二、理顺自治权内部横向结构关系

如前所述,自治权内部的横向结构关系表现为村民(代表)会议、村民委员会、村务监督委员会三者之间的相互关系。具体而言,根据《村民委员会组织法》的相关规定,村民(代表)会议相当于基层自治中的"决策机关",行使村民大小事务的决定权;村民委员会是基层自治中的"执行机关",负责执行村民(代表)会议所决定的事项;村务监督委员会就是基层自治中的"监督机关",行使法律法规所赋予的监督权。要理顺这三者之间的关系,让它们在各自的权力范围内活动,需要以一定的制度形式来规范和完善。关于发展基层民主,2013年在党的十八届三中全会上通过的《中共中央关于全面深化改革若干重大问题的决定》中提到要"畅通民主渠道,健全基层选举、议事、公开、述职、问责等机制。开展形式多样的基层民主协商,推进基层协商制度化,建立健全居民、村民监督机制,促进群众在城乡社区治理、基层公共事务和公益事业中依法自我管理、自我服务、自我教育、自我监督"。2015年"中央1号文件"(《关于加大改革创新力度加快农业现代化建设的若干意见》)也提到,要"进一步规范村'两委'职责和村务决策管理程序,完善村务监督委员会的制度设计,健全村民对村务实行有效监督的机制,加强对村干部行使权力的监督制约,确保监督务实管用"。面对这样的形势要求,要完善和健全基层治理体制,实现村民自治的民主与治理的目标,就需要通过一定的制度设计或制度安排来使决策、执行和监督三项权力进行相互制衡。

近年来，广东省有些地方采取了一些促进村民自治的创新实践形式来克服自治权内部横向结构之间的矛盾。例如，梅州市蕉岭县芳心村主要推行了"三元制衡"的创新做法，其目的就是要理顺协商议事会、村民委员会以及村务监督委员会三者的关系，以有效破解基层农村决策、执行和监督三项权力相互交叉重叠的困局。佛山市三水区采取的则是"三权分设"的创新做法，它有助于实现基层社区治理中公共权力的科学分配和正确使用，从而达到基层农村的决策机关、执行机关与监督机关之间能够相互监督和制约的目标。值得注意的是，在潮州设立运行的乡贤咨询委员会在乡村治理过程中发挥着咨询建议、建言献策的作用，对决策机构、执行机构和监督机构的运作起到了补充与辅助的作用，成为基层治理过程中的支撑性力量。从这三个案例来看，它们为如何解决自治权内部横向结构之间的紧张关系提供了一些相对较为独特的经验启示。

（一）三元制衡破解权力交叉困局

"三元"是指协商议事会、村民委员会和村务监督委员会所构成的三元结构，由它们分别负责行使决策、执行与监督三项权力（如图4-2所示）。"三元制衡"的实施是为了实现三元结构之间的制约与平衡，主要运用于解决自治权内部的横向问题。梅州市蕉岭县推行的"三元制衡"这一创新做法主要体现在芳心村，它重构了村级治理结构之间的关系，并激发了基层自治的活力。从芳心村实施村民自治以来，其村级组织关系并没有得到完全理顺，村级公共权力运行不够规范有序，主要依赖于村民委员会对村庄公共事务进行管理，导致其他村民组织的作用难以得到体现。为改变这一现状，芳心村在加强和改进党的领导的基础上，不断规范村民委员会的职能，健全完善村务监督委员会制度，创新推动协商议事平台建设，构成了全新的治理架构。

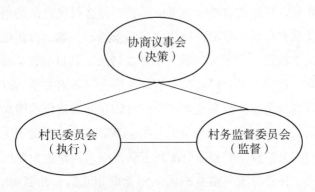

图 4-2 三元制衡示意

芳心村在村民代表会议基本制度基础上建立了村级协商议事会制度，成员由党员代表、村民代表、理事会理事长、村务监督委员会主任、政府工作人员、外出乡贤等社会各界人士组成。协商议事会既是村务交流平台，更是村务决策平台。其议事内容由村党组织在征求党员意见的基础上提出，由村民代表进行决策。协商议事会对村庄大小事务进行决策，发挥凝聚共识和群策群力的优势。同时，村中各项事务均通过议事会进行协商，使村务决策更科学化、民主化，有效保障村民的"话语权"和"决策权"。村民委员会主要执行协商议事会的决议，在它规定的权力范围内活动。这有利于防止村民委员会集决策权与执行权于一身，从而造成权力过于集中而引发权力腐败。村务监督委员会成员大多是热心村务、有威信的人，其中老模范、老党员居多，由他们代表村民对村干部、村务、村账进行最直接的监督。根据蕉岭县相关法规规定，村务监督委员会中每位成员的工作表现都要接受群众打分，村委会委员及其近亲不得担任村监督机构的组成成员。早在 2007 年，芳心村便开展试点探索建立村务监督委员会，村民化身"田间纪委"，成为监督村干部的重要力量。2011 年，结合村"两委"换届，在全市 2229 个村（居）委会全部建立了村务监督委员会。① 村务监督委员会主要监督村务公开、财务收支等事项，对村庄的决策和执行过程进行全面监督。芳心村"三元制衡"的实施，有效破解了横向上村民委员会与村民（代表）会议及其他组织长期以来因权力交叉、职能重叠而形成的困局。

通过完善协商议事会决策制度、村民委员会执行制度、村务监督委员会监督制度，芳心村有效实现了行使决策、执行和监督权力的三个机构之间的相互制衡，增强了协商议事会在村决策体系中的地位，能够普遍反映村民的利益诉求，也提升了村务监督委员会在村级治理结构中的监督主体作用，避免出现村民委员会独揽大权、架空决策机构与监督机构的局面。这既有利于从源头上防止权力腐败的产生和蔓延，使村干部能够依法依规行使公共权力，也有助于提升基层的治理能力和完善村级治理体系，从而更有效地维护人民当家做主的权利。

（二）三权分设实现权力相互制衡

"三权分设"主要是指将基层自治领域的决策权、执行权与监督权分别由村民议事会、村民委员会和村务监督委员会行使，以实现上述三种权力之间的相互制衡的目标。2013年，佛山市三水区启动了新一轮的农村综合改革。其目的就是要重构基层农村发展和治理的架构，以激发农村发展活力，白坭镇岗头村成为其中一个试点单位。现在的岗头村村民委员会于2005年4月由原来的岗头、新生、大岗、蓬村、解放沙、凤果6个村民委员会合并而成，有6800多名选民。由于村落较大，各方利益比较复杂，在关系村庄发展的

---

① 参见王玉婷《蕉岭建立村级协商议事会制度》，载《梅州日报》2014年10月20日。

重大事项上分歧较大,对岗头村的自治事业产生了不利影响。为改变这一局面,岗头村建立了村民议事会决策、村民委员会执行、村务监督委员会监督的"三权分设"机制。①

村民议事会、村民委员会和村务监督委员会在"三权分设"过程中的主体作用主要体现在三个方面。

第一,村民议事会对村民(代表)会议负责并报告工作,接受村民(代表)会议监督,村民(代表)会议有权撤销、变更村民议事会不适当的决定。村民议事会的成员一般是各方面的精英,既有党代表、人大代表,也有德高望重的村民代表、身家不菲的企业家。村民议事会由村民(代表)会议授权,在授权范围内行使村组两级自治事务决策权和议事权,负责收集村民提出的意见和建议,为家乡建设和发展提供思路,并对村中大至农业生态园区的配套建设、小至路灯绿化建设等事务进行决策。自2013年8月起,在岗头村村委会每月都要举行一次村民议事会,主要集中在中下旬阶段,无固定日期。议事会召开时,必须有2/3以上成员到会方能举行;议题表决时,由到会成员过半数通过才能有效,表决结果公开计票,当场公布,并在村公开栏予以公告。如果解决不了,还会邀请政府相关部门前来听会,并提出相关建议。截至目前,岗头村村民议事会已讨论决策80多件议题。

第二,村民委员会作为执行机关,通常会在每次会前把议题的填写表格发给各议事成员,以便他们把收集到的信息递交给村民委员会。对于收集到的议题,村委会根据轻重缓急的程度先进行筛选,并对同类议题进行归纳梳理,把每次会议的议题控制在10个左右;将筛选出来的议题交由村民议事会做出决策之后,由村民委员会负责执行。

---

① 参见姚建国、张许君《村治之变:三水创新基层治理模式,三权分设打破"一言堂"》,载《南方都市报》2015年11月23日。

第三，村务监督委员会作为监督机关，其成员一般为 3 名，这 3 人不能是议事会成员，必须独立行使监督的权力。当议事会决策出一项议题后，村务监督委员会就会对议题的解决进度、资金使用情况以及大型工程是否有招投标等进行监督。

佛山市三水区的"三权分设"机制有效打破了村民委员会"一言堂"的局面。在此之前，村中大小事务的决策权与执行权几乎是集中在少数村领导手中的，村民委员会成员既当"裁判"，又当"运动员"，出现村民委员会"一家独大"的弊端，使村民委员会的权力失控，引发了不少干群之间的矛盾和冲突。"三权分设"使决策、执行和监督三种权力得到了相互制衡，村民议事会、村民委员会和村务监督委员会能够各负其责、分工合作，从而使村级组织的办事程序更加规范与透明，村务、财务更加公开与清晰，提高了工作效率和质量，从而更好地维护了大多数群众的利益。

（三）乡贤咨询委员会发挥补位作用

乡贤咨询委员会是在村一级设立的群众自治性组织，在横向组织结构之中由它来发挥咨询的功能与职责，目前该项创新探索正在潮州运行。这是因为，在潮州，一直以来就有社会贤达反哺家乡的传统。潮州利用这一优良传统来探索如何引导这些民间力量来创新乡村治理模式，使之成为村民自治的有益补充和文明创建的推动力量。由此，打"乡贤牌"、撒"英雄帖"、办"群英会"成了潮州地方治理的路径选择，它们形成了一股问策乡贤、创新治理的发展的正能量。

在 2016 年，潮州提出各地要利用春节期间，在村（居）党组织领导下，建立乡贤"文明村居"咨询委员会，把外出和家里的乡贤召集在一起商量新一年的工作以创新基层治理。在这样的背景下，乡贤咨询委员会应运而生。目前，潮州全市 1015 个村（居）

已全部建成乡贤咨询委员会。与其他民间组织不同的是，咨询委员会的参与主体更加开放与包容，凡符合有关条件、热心家乡事业的人均可参与。根据《关于探索建立乡贤创建"文明村居"咨询委员会的通知》透露，咨询委员会人员由籍贯在当地（指本村、社区），或者成长、工作在当地以及姻亲关系在当地的有德行、有才能、有威望、有影响的社会贤达组成。这些成员包括老党员、老干部、企业家、社会组织负责人、年轻创客、技术人士等。由这些乡贤创建"文明村居"咨询委员会，在本村、社区党组织的领导下，凝聚乡贤力量，协助加强党群联系，推动"文明村居"创建工作扎实有效开展。乡贤咨询委员会的主要任务包括：为村、社区经济社会发展和创建"文明村居"建言献策，收集了解村情民意，反馈群众意见建议，向群众宣传上级关于基层建设、基层治理和开展"文明村居"创建的部署和要求。

为了确保该制度得到长效推进，乡贤咨询委员会在方式上进行创新，动员县区机关领导干部积极到原籍、出生地或成长地的村（居）报到并参与乡贤创建"文明村居"咨询委员会活动。大部分村（居）建立起了乡贤QQ群、微信群等，让乡贤们为家乡出谋划策，为群众开通了反映问题、表达意愿的平台和渠道。[①] 可以说，乡贤咨询委员会在基层治理中发挥了重要作用，并取得了一定的成效。如在潮州市的湘桥区、枫溪区，各村（居）"两委"班子也分别以座谈会、上门拜访等形式，向乡贤通报当地经济社会发展情况，与广大乡贤共叙乡情、共商村事、共谋发展。清明期间，湘桥区召开座谈会73场次，筹集资金132.4万元；枫溪区共收集乡贤意见建议60条，募集社会资金5000多万元。目前，全区各村

---

① 参见廖奕文、苏仕日《潮州乡贤咨询委员会补位乡村治理》，载《南方日报》2016年4月18日；苏仕日《潮州创建乡贤咨询委员会 探索创新乡村治理模式》，见http://cz.southcn.com/content/2016-04/06/content_1454617453.htm，2016年10月6日。

（居）均已成立乡贤咨询委员会，吸纳成员408人。[①]

潮州的乡贤咨询委员会主要以村民为主体，在基层治理中发挥了参谋建议、桥梁纽带的作用，有效激发了基层群众自治的活力。乡贤咨询委员会通过收集民意和建言献策，为村议事决策机构进行村中重大事项讨论和决定提供重要的信息来源和意见参考，帮助村民（代表）会议做出正确的决策决议。同时，乡贤咨询委员会的运行也能够有效协助村民委员会的工作，从而弥补村民委员会在提供公共管理和公共服务方面存在的不足。另外，乡贤咨询委员会还向镇村两级反馈村民的意见和建议，对村务监督委员会的监督工作起到了很好的辅助作用。可见，潮州设立的乡贤咨询委员会既推进了基层协商民主，也提高了基层治理能力，在乡村治理过程中发挥了重要的补位作用。

虽然梅州市的"三元制衡"和佛山市的"三权分设"两个案例的做法稍微有些差异，但其制度安排的出发点和目标大致相同：都是希望经由重构村级组织结构之间的横向权力关系，规范决策机构、执行机构和监督机构之间的关系；同时，通过提升村议事决策机构的地位与作用，加强村监督机构的功能和效用，以对作为执行机构的村民委员会进行有效的制约与监督，从而改变村民委员会过去"一权独大"、长期垄断村庄公共事务管理的局面，以促进决策机构、执行机构和监督机构三者之间形成分工协作、各负其责、相互监督的良性运行机制。而潮州的乡贤咨询委员会所展现的咨询建议、建言献策、意见反馈等功能和作用，在治理过程中扮演了"咨询机构"的角色，对决策、执行、监督三个机构的运行发挥了很好的补位作用，能够更好地促进基层自治的健康发展，以实现乡村"善治"的目标。总之，"三元制衡""三权分设"以及乡贤咨询委

[①] 参见廖奕文《潮州探索建立乡贤咨询委员会治理基层新模式》，见http://www.gdczepb.gov.cn/detail/23485，2016年10月6日。

员会有助于理顺自治权内部的横向结构的关系,并为进一步解决自治权内部的横向结构的紧张与矛盾积累了有效的经验。

三、打通自治权内部纵向结构关系

2014年"中央1号文件"明确提出,"要探索不同情况下村民自治的有效实现形式,农村社区建设试点单位和集体土地所有权在村民小组的地方,可开展以社区、村民小组为基本单元的村民自治试点"。2016年"中央1号文件"(《关于落实发展新理念加快农业现代化实现全面小康目标的若干意见》)再次提出,"要在有实际需要的地方开展以村民小组或自然村为基本单元的村民自治试点"。可见,在村民小组一级单位进行探索创新形式,在新时期、新阶段推进基层治理体系和治理能力现代化具有现实的迫切性与内需性,而且这些创新形式必须是与农村实际情况相适应的乡村治理模式。其目的就是贯通自治权内部的纵向结构关系,理顺村民委员会与村民小组之间的组织关系,并重点提升村民小组在乡村治理过程中的地位,发挥村民小组及其组织机构在村庄公共事务管理过程中的作用。

为强化村民小组在基层自治中的地位与任务,并有效实现村民自治以贯通自治权内部的纵向结构关系,广东省一些地区采取了"多层共治""上下联治"、设立两级"小人大"及"自治重心下移"等形式来解决自治权内部的纵向结构的矛盾问题,以化解村民小组及其组织机构在基层自治中作用甚少或无法发挥作用的难题。

具体看来，梅州市蕉岭县推行的"多层共治"有助于进一步完善健全基层农村的决策议事体制，强化协商民主机制在村民自治中的作用，让村民尽可能地参与到决策议事的各个层级与过程之中，维护他们的合法权益。佛山市三水区则通过在村组二级设立民主议事会，积极调动村民参与到决策之中，使村民掌握了村中大小事务的"话语权"。云浮市推行的"上下联治"通过在乡镇、行政村和村民小组三级设立理事会，进一步健全完善了基层管理体制，实现了基层政权与自治单位的对接。在清远推广的"自治重心下移"通过在自然村一级设立村民委员会，提升了村民小组单位在基层治理中的地位与作用，进一步强化了基层自治的能力。

（一）"多层共治"完善基层决策议事体制

梅州市的"多层共治"主要指在自然村（村民小组）一级成立村民理事会，并在行政村一级成立协商议事会，由村民通过村民理事会、协商议事会实现"多层共治"；蕉岭县三圳镇也主要采取这种做法。如前文所述，协商议事会是在村民代表会议制度基础上，由村民代表、党员议事代表、村务监督委员会成员等各方人士组成的开放式村级协商议事组织，其所议之事包括村级重大问题和涉及村民利益的重大事项。村民理事会作为自然村（村民小组）的社会治理主体，参与社会管理，开展公益活动，搞好公共服务。目前，蕉岭县三圳镇在全镇的143个村民小组均建立了村民理事会，覆盖率达100%。根据各村的历史文化和民俗民风，在充分尊重村民意愿的基础上，把热心公益事业的老党员、老干部、创业致富能手、优秀青年作为理事会成员人选，把德高望重、工作能力强、熟悉农村工作的"接地气"的村民作为理事会班子成员人选，并要求至少有1名理事是党员，以促使村民理事会在党的领导下实现对乡村的治理。村民理事会的职责主要是协助村"两委"解决实际问题,积极发动群众、外出乡贤和社会各界人士捐款并牵头落实公益事业、惠民工程等。① 村民理事会在基层治理中充分发挥了牵头做事、服务村民的功能,有效带动了各村各片公益、教育、环境等事业的全面发展。2014年至今,各村村民理事会共筹资2000多万元用于村庄公益事业建设,对凝聚各村群众、"共谋共建共享"新农村起到了至关重要的作用。

通过在行政村设立协商议事会以及在自然村设立村民理事会,能够避免村民委员会集决策与执行于一身的弊端,增强基层农村议事决策机构的职能与效用,促进完善基层农村的决策议事体制,在尽可能广泛的范围之内让村民在基层民主协商过程中能够畅所欲言,并从这个平台上找到有效渠道来表达自身的利益诉求和意见、建议,最大限度地确保村民自身的合法权益得到有效的机制保障。

(二)村组两级"小人大"调动村民参与决策

佛山市三水区设立的两级"小人大"与梅州市的"多层共治"的实践经验比较相似。2013年,三水区以白坭镇为试点,以创新农村基层管理体制和服务机制为核心,以完善村级民主决策机制为突破口,建立"村为核心、组为基础、两级联动"的行政村、村民小组两级议事会,以此引领基层社会治理重构工作,吸纳各种社会力量和资源参与农村社区建设和基层社会治理,以打造村民自治"小人大"。村民议事会由村民(代表)会议授权,村小组议事会由村民小组会议授权,在授权范围内行使村组两级自治事务决策权、监督权、议事权,讨论决定本村组两级日常事务,相当于村组两级村

---

① 参见陈萍、陈勇、黄文驹《蕉岭三圳镇"五好"扎实推进村民理事会建设工作》,见 http://mz.southcn.com/content/2015-10/24/content_135481147.htm, 2016年10月10日。

民自治的"小人大"。

村民议事会对村民（代表）会议负责并报告工作，接受村民（代表）会议监督；村民（代表）会议有权撤销、变更村民议事会不适当的决定；村民小组会议有权撤销、变更村民小组议事会不适当的决议。村（组）两级议事会的成立，有效规范了议事决策的程序，更好地反映村民最关心、最紧迫的问题，把与村民息息相关的利益问题落到实处。例如，白坭镇的2村1居通过议事会决策，2014年顺利推进落实了20项民生微实事，总投入427.79万元，其中争取了区财政资金142.37万元。①

与此同时，三水区还在村（组）两级普遍建立起了乡贤慈善会和家乡建设委员会。目前，三水区已建立起119个家乡建设委员会和122个乡贤慈善会，覆盖面遍及全区基层各个角落，作为村组两级村民议事会的配套组织。如果村里要完成一项工程，一般就由议事会负责决策，家乡建设委员会负责规划和监督，乡贤慈善会则可以向村中的热心人士筹款。

在日常运行中，往往是通过三者间的互相配合，共同推进各项工程的实施。以岗头文化楼工程为例。该项工程在岗头村村民议事会第二次会议上提出并投票表决通过，由家乡建设委员会制定建设方案，预计投入120万元建成包括图书室、文化活动室、表演厅等在内的1000平方米综合楼。由乡贤慈善会制订资金筹集方案，负责资金筹集、使用，并成立财务监管小组。据三水区民政局统计，近年来，全区乡贤慈善会共筹集资金3100多万元。其中，2015年共筹集资金近700万元，家乡建设委员会共实施80多个项目，完成20项新农村建设工程。②

---

① 参见姚建国、张许君《村治之变：三水创新基层治理模式，三权分设打破"一言堂"》，载《南方都市报》2015年11月23日。

② 参见姚建国《三水七镇（街道）完善决策执行监督机制》，载《南方都市报》2015年11月19日。

佛山市三水区的村组两级推行"小人大"的探索创新，除了摆脱了村民委员会"一言堂"的束缚，让基层自治回到正常的权力运行轨道上外，还对村组两级决策机构的权力关系进行了明晰的界定，有利于理顺村组两级决策机构之间的组织关系。借助村组两级议事会的议事平台，能够在各个层级尽可能地调动村民参与到村庄公共事务管理活动中，并从各个方面发挥村民的智慧和才能，参与村庄建设和发展。

（三）"上下联治"健全基层管理体制

云浮市的"上下联治"则是将村民自治向上延伸至镇一级基层政权，向下延伸至村小组或自然村。2011年以来，云浮市云安县围绕从中央到地方各级加强社会建设和创新社会管理的决策部署，按照云浮市建设广东省农村改革发展试验区的总体要求，立足山区实际，在以"主体功能扩展"理念构建政府主导的"服务为先、向下给力"社会服务体系的基础上，以"民事民办、民事民治"为原则，在组、村、镇三级分别组建村民理事会、社区理事会和乡民理事会，探索群众主体的"组为基础、三级联动"的社会管理方式，构建"政府以自上而下的服务形式强化社会管理，群众以自下而上的理事形式参与社会管理"的互动式社会管理网络（如图4-3所示），实现政府行政管理与基层群众自治有效衔接与良性互动。村民理事会理事由本村有威望、有能力、有公德、爱党、爱国、爱家的老党员、老教师、老模范、老村干，以及村中长老和村民代表、复员退伍军人、经济能人、外出乡贤等德高望重的人员组成。社区理事会、乡民理事会的理事以推荐形式产生，由本级以上"两代表一委员"中的本辖区非公职人员、复退军人、杰出乡贤、退休村干、外来人员等德高望重的人员组成。其中，三者的角色定位是：村民理事会作为农村最基层的自治组织，协助村民小组强化民事民治;社区理事会作为农村社区服务合作社内设的"服务性、公益性、互助性"社会组织,推进农村社区建设;乡民理事会则作为社团组织,推动乡镇社会建设。①

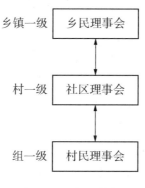

图4-3 上下联治

"组为基础,三级联动"的治理机制强化了村民小组的功能,发挥了广大村民的主体作用,扩展了群众参与公共事务管理的渠道,使民众的意见建议得到了畅通表达和反映。同时,"上下联治"为政府与群众的交流互通、联系互动提供了一个广阔的平台,这有助于补充现有村民自治以行政村为自治单位造成的底层权力真空,将国家政权与村民自治单位相互联系,形成"纵向到底"的贯通结构,从而达成基层政权由悬浮型向渗透型的转变,在保证基层活力的同时确保政府公共服务的畅通。

(四)"自治重心下移"强化基层自治能力

"自治重心下移"就是将村民自治的重心由行政村下沉至村民

---

① 参见中共云安县委、云安县人民政府《云安改革巡礼(三)——广东省云安组建民事民治理事会的实践与探索》,载《中国机构改革与管理》2012年第4期。

小组或自然村。自治重心下移在清远市的推行开始于 2012 年年底，中共清远市委、市政府在当年制定出台了《关于完善村级基层组织建设推进农村综合改革的意见（试行）》等政策法规，积极开展村民自治重心下移、基层党建重心下移、政府服务重心下移等一系列改革探索。

其中，"自治重心下移"的深入推进形成了两个结果。一是改变了现行农村社会治理模式，将原有的"乡镇—村—村民小组"基层治理模式调整为"乡镇—片区—村（原村民小组或自然村）"模式，即在乡镇以下根据面积、人口等划分若干片区建立党政公共服务站，作为乡镇派出机构，承办上级交代的工作、开展公共服务和为群众提供党政事项代办服务。按照便于群众自治、有利于经济发展和社会治理的原则，在片区下以 1 个或若干村民小组（自然村）为单位设立村民委员会，开展村民自治。二是改变了现行的农村基层党建模式，在乡镇党委下辖片区建立党总支（党委），同时在片区下辖的村（原村民小组或自然村）建立党支部。清远市推行自治重心下移的目的就是要提高农村组织化水平，完善村级基层组织建设，特别是要完善村民小组（自然村）一级的基层组织建设，以强化村民小组（自然村）自治能力为突破重点和重要抓手，使农村基层治理模式、组织化水平与农村社会治理水平、农村经济发展水平相适应，从而提高农村发展的内生动力。

2013 年，清远市选择确定了 3 个试点镇，试点开展村民委员会规模调整，适度缩小自治单元。2014 年 3 月，3 个试点镇调整后的村民委员会与清远市同步完成了"两委"换届选举工作。截至 2016 年 5 月底，清远市在行政村一级成立了 1013 个党总支，在村小组（自然村）成立了 9523 个党支部；村民小组（自然村）一级共选举产生了村民理事会 14554 个。3 个试点镇根据法定程序进行了村民委员会规模调整，村民委员会数量由 42 个调整为 390 个。

在行政村（片区）、社区建立了1092个社会综合服务站。①

从清远推行自治重心下移所取得的成效来看，其意义主要体现在以下几个方面：一是加深了基层农村组织与村民之间的沟通与联系，将党支部、村民委员会、村民理事会等组织设置于村民小组（自然村）一级单位上，能够使村级组织成员与村民的关系更为亲近，使村级组织更好地倾听村民的意见和建议，为村民办实事、做好事，有助于化解村民之间的矛盾和冲突，维护农村社会秩序的稳定；二是优化了村民自治的组织结构，将村民自治的重心下移至村民小组（自然村）一级，使村民自治的范围和层级得到精简和缩小，提升了村民小组（自然村）在乡村自治中的主体作用，从而更好地提升和调动了村民参与社区公共事务管理的自主性和积极性，以有效推动村民自治的落实；三是加强了村民自身的权益保障，清远市实施村民自治重心下移后，村民在政治参与上不仅获得了对村庄大小事务决策的"话语权"，也增强了他们当家做主的民主意识，而且村民获得政府提供的公共服务更为直接和方便；四是促进了村庄经济的发展，村民在党组织、村民委员会和理事会等村级组织的带领下实现了增收致富，人均可支配收入得到了大幅度增长。

总体上看，从梅州市的"多层共治"、佛山市三水区的"小人大"、云浮市的"上下联治"到清远市的"自治重心下移"，都较为有效地贯通了自治权内部的纵向结构关系。最重要的是，这既能正确摆正村民委员会在基层治理过程中的位置，也能有效提升村民小组及其组织机构的地位，使村民小组真正能够在基层治理过程中发挥作用，以提高村组两级组织机构的工作效率和水平，进一步提升基层治理能力，并引导村民有序参与到村庄的公共事务管理活动中，从而推动基层自治事业的发展，更好地维护和保障村民的利益。

---

① 参见《清远市："三个重心下移"模式》，见http://expo.people.com.cn/n1/2016/0718/c403808-28562451.html，2016年8月15日。

四、小　　结

通过前文对多个案例的描述和分析，来探讨如何处理自治权内部横向结构上村民（代表）会议、村民委员会和村务监督委员会的关系，以及自治权内部纵向结构上村民委员会与村民小组之间的关系，有必要对广东规范群众自治组织的权力的成效、经验及其启示做进一步的归纳与总结。

（一）成效

总结而言，广东在规范群众自治组织的权力上所取得的成效主要体现在两个方面。

第一，在自治权内部的横向结构上，广东地区通过实行"三元制衡""三权分设"为民主决策、民主管理、民主监督的开展提供环境和条件。这既有效化解了村民（代表）会议、村民委员会和村务监督委员会之间的权力矛盾关系，也加强了横向上村级组织结构之间的相互制衡作用，明确划清了协商议事会、村民委员会、村务监督委员会之间的权力界限，使它们能够在各自的权力范围之内进行相应公共事务的管理。这些创新探索既有利于防止村民委员会权力过大、过于集中而无法控制的弊端，杜绝村民委员会及其成员以权谋私、滥用权力的空间；也有利于优化横向结构之间的组织关系，提升了村民（代表）会议作为决策机构的地位与作用，使民众的民意反映和利益诉求能够在决策机构获得表达和代表；同时，也使得村务监督委员会的权力得到了大大的增强，能够对决策机关、执行机关的活动行为进行有效的监督和制约。与此同时，潮州的乡贤咨询委员会扮演了"咨询机构"的角色，在决策、执行与监督之间起到了很好的补位作用，在乡村治理过程中发挥搜集民意、建言献策和反馈意见的作用，为乡村治理的深入发展提供了有力支撑。

第二，在自治权内部的纵向结构上，广东地区通过探索实践"多层共治""上下联治""自治重心下移"等形式，化解了村民委员会与村民小组之间由来已久的紧张关系，明晰划清了村民委员会与村民小组之间权力关系的界线。无论是"多层共治"，还是"上下联治"或"自治重心下移"，都是各地方结合当地实际情况采取的"微自治范式"[①]，目的是为了解决自治规模过大的问题，弥补村民委员会自治的不足，通过贯通组织上下结构，将权力下放到更微观的一级自治单位，有利于更进一步调动村民参与治理的积极性。正如邓小平所言，"调动积极性，权力下放是最主要的内容。我们农村改革之所以见效，就是因为给农民最多的自主权，调动了农民的积极性"；"调动积极性是最大的民主。至于各种民主形式怎么搞法，要看实际情况"[②]；"把权力下放给基层和人民，在农村就是下放给农民，这就是最大的民主"[③]。因此，这些经验模式不仅有助于理顺村民委员会与村民小组之间的层级结构关系，并提升和强化村民小组等组织在村民自治中的地位与作用，也有助于解决与村民息息相关的具体问题，缓解农村社会最基层的矛盾冲突。更为重要的是，这有利于更好地培育和发挥村民的民主自治能力和水平，让村民真正成为民主自治的主体。

---

① 赵秀玲：《"微自治"与中国基层民主治理》，载《政治学研究》2014 年第 5 期。
② 邓小平：《邓小平文选》（第 3 卷），人民出版社 1993 年版，第 242 页。
③ 邓小平：《邓小平文选》（第 3 卷），人民出版社 1993 年版，第 252 页。

（二）经验

广东通过规范群众自治组织的权力的实践探索对于基层农村民主治理形成了一些有效的经验。

第一，规范群众自治组织的权力的重点是要理顺自治权内部的纵横结构之间的关系。基层农村自治从一开始就承载了要实现民主与治理的双重使命，然而由于自治权的内部矛盾，导致这一目标的实现增加了更多的难度。因此，要实现基层自治的民主治理目标，最重要的还是要规范群众自治组织的权力，通过理顺横向上村民（代表）会议、村民委员会与村务监督委员会之间的权力关系，以及纵向上村民委员会与村民小组之间的权力关系，从而为有效解决自治权内部纵横结构的矛盾寻找合理科学的路径选择与发展方向。

第二，规范群众自治组织的权力要着眼于明确摆正村民委员会的位置并发挥它的作用。在基层农村自治过程中，村民委员会一般定位为"执行机构"，负责执行村民（代表）会议对村中大小事务的决策事项，并自觉接受村务监督委员会的监督。然而，由于长期以来村民委员会凌驾于村民（代表）会议之上，垄断了决策权，村务监督委员会形同虚设，无法对村民委员会形成有力的监督和制约。因此，要规范群众自治组织的权力并优化其内部纵横结构关系，就必须选择以村民委员会为突破口和出发点，重构村民（代表）会议、村民委员会与村务监督委员会之间的权力关系，以及村民委员会与村民小组之间的组织关系。只有这样，基层治理体系和治理能力的现代化才能得到健全和完善，这是广东基层治理进行改革创新的着眼点。

第三，规范群众自治组织的权力的关键在于要实现决策、执行与监督三项权力之间的相互制衡。在我国，村民自治经过 30 多年的发展已取得长足的进步，但由于中国农村社会正处于急剧变革之中，村民自治不断显现出新的问题和矛盾，例如，村民选举过程中的黑金化和宗族化、村干部巨腐、越级上访和群体性事件等,而对权力主体缺乏有效的制约和监督是产生这些问题的重要的因素之一。为此,要提升基层农村社会的治理绩效和维护村民的民主权利,还需要对决策、执行和监督权力进行科学合理的配置与使用,从而实现村民自治所追求的民主与治理双重目标。

第四,贯穿自治权内部的纵向结构关系要着力于进一步积极发挥村民小组中村民理事会、乡贤理事会或其他组织形式的作用。广东村民自治主要在行政村一级推行实施,但由于现实中行政村一般由多个自然村组成,规模较大,很多村庄事务仅仅依靠于行政村一级的村民委员会并无法有效完成。为脱离这种困境,必须要强化村民小组在基层自治中的作用与地位,依据地方的背景特点选择组成村民理事会、乡贤理事会或是其他的组织形式,尽可能地发挥它们的最大功能和优势,协助村民委员会进行村庄事务的管理,促进基层自治向良性方向发展。

(三)启示

结合广东在规范群众自治组织的权力的成效与经验来看,其对基层社会发展的启示意义主要体现在三个方面。

1. 规范自治权内部的纵横结构关系有助于激发村民自治的制度活力

在横向结构上通过"三元制衡""三权分设"以实现权力制衡,使决策机构、执行机构和监督机构三方相互制约,避免任何一方权力专横妄为,从而解决决策、执行与监督三种权力交叉重叠的问题。同时,乡贤咨询委员会所具有的咨询建议、献言献策功能对上述三个机构发挥了很好的补位作用。在纵向结构上通过实施"多层共治"、村组两级"小人大""上下联治""自治重心下移"以实现上下贯通,民众对上可反映意见和需求，乡镇一级以上政府对下可更接地气，更好地贯彻政策和接收民意。由此可知，纵横结构关系的优化将使得村民自治制度焕发新的活力，有利于推动基层社会实现民主与治理的双重目标。

2. 规范自治权内部的横向结构关系有助于解决权力的归属问题，即由谁来行使决策、执行、监督等权力的问题

权力的归属问题就是解决由谁来掌握乡村治理的公共权力问题。乡村治理的公共权力是由全体村民所有的，委托由村民选出的村民代表组成的村民（代表）会议或村民议事机构代理行使，村民委员会负责执行村民会议或村民议事会的决策和决定，村务监督委员会主要履行监督的职能。无论是"三元制衡"，还是"三权分设"，都有助于打破村（居）"两委"长期垄断公共权力的治理格局，做到了还权于民，让村民真正成为村庄"当家人"，体现了民主的"共享"要素。这有助于提升并强化议事会的决策地位，从而克服村级决策组织"形式上有权，实际上无权"的通病，使议事机构主要负责行使决策权，村委会专门负责行使执行权，村务监督委员会行使监督权，三者在规定的权力范围内活动，决策权力、执行权力和监督权力获得应有的空间与位置。

3. 规范自治权内部的纵向结构关系有利于发挥"微自治"组织在基层治理进程中的作用

广东在纵向结构上调适群众自治组织之间的关系，尤其是在村民小组一级设立议事会、村民委员会、理事会等"微自治"组织，这既能化解行政村与村民小组之间的紧张关系，也能促进"微自治"组织在基层农村社会中生根发芽和不断壮大，以推动完善基层社会的基础设施建设和公共服务供给，更好地维护和保障人民群众的合法权益。同时，这也能推动实现"横向到边，纵向到底"的目标，不仅

有利于加强纵向结构上组织关系的衔接与互动，以及强化基层自治组织在国家治理现代化中的基础性作用，也有利于进一步密切村干部与群众之间的关系，通过村干部与群众的共同努力来营造良好的生活环境和条件。

总之，广东在规范群众自治组织的权力方面的实践将基层治理的发展向前推进了一步，具有重要的现实意义，对于如何克服横向上村民（代表）会议、村民委员会与村务监督委员会的矛盾，以及纵向上村民委员会与村民小组的矛盾提供了丰富的经验启示，有力地推动了基层治理体系和治理能力现代化的发展进程。当然，广东在规范群众自治组织的权力上仍然面临着许多不足和难题，依然需要到实践中去克服并进行理论上的总结和反思。

第五章

落实村民参与权

本章所述的参与权主要是指村民在基层治理过程中依法享有的四个民主权利，包括选举权、决策权、管理权和监督权。一般来说，选举权是指村民直接选举产生村委会组成人员的权利，任何组织或者个人不得指定、委派或者撤换村委会成员；决策权是指涉及村民利益的村内重大事务由村民参与决策的权利；管理权是指村民依据相关的法规制度参与农村事务管理的权利；监督权是指村民对村委会的组成人员及行为进行广泛监督的权利。从基层社会现实情况来看，落实村民参与权对于广东基层民主治理目标的实现具有重要意义。

一、现实背景与逻辑进路

(一) 现实背景

在我国改革开放进入深入发展的新时期,广东对基层自治新形式展开了新一轮的探索创新,其中的一个最为突出的表现就是村民的参与权得到了落实。从近年来基层自治的发展情况来看,落实村民参与权缘于对参与权自身内部发展问题的回应。

现行《村民委员会组织法》第二条规定:村民委员会是村民自我管理、自我教育、自我服务的基层群众性自治组织,实行民主选举、民主决策、民主管理、民主监督。党的十八大报告也提出要"更注重健全民主制度、丰富民主形式,保证人民依法实行民主选举、民主决策、民主管理、民主监督""要健全基层党组织领导的充满活力的基层群众自治机制,以扩大有序参与、推进信息公开、加强议事协商、强化权力监督为重点,拓宽范围和途径,丰富内容和形式,保障人民享有更多更切实的民主权利"。2013年,党的十八届三中全会通过的《中共中央关于全面深化改革若干重大问题的决定》强调,要"发展基层民主。畅通民主渠道,健全基层选举、议事、公开、述职、问责等机制。开展形式多样的基层民主协商,推进基层协商制度化,建立健全居民、村民监督机制,促进群众在城乡社区治理、基层公共事务和公益事业中依法自我管理、自我服务、自我教育、自我监督"①。因此，从这个方面来理解，广大人民群众在基层公共事务和公益事业管理中享有法律所赋予的选举权、决策权、管理权与监督权。这四个参与权利是基层群众自治制度的主要内容，它们贯穿于基层群众自治制度运行的各个环节和各个阶段，对于推动基层民主政治的建设和发展具有重大意义。

然而，在复杂的现实情况下，广东所追求的"四个民主"目标实际上并未得到完全实现。"四个民主"逐渐蜕化为单纯的"选举民主"，形成了以选举为中心的格局。由于民主选举相对不成熟、不健全，产生了不少选举乱象。同时，民主决策、民主管理、民主监督的发展长期以来落后于民主选举，造成了"四个民主"呈现相互脱节和断层的现象，以至于"村民自治"变成"村干部自治"，村庄大小事务的决策权垄断在村主任、村支书或少数村干部手中，村干部权力得不到有效监督、村务得不到有效管理，村民对村庄治理越发淡漠，村民自治难以有效运转起来。因此，对落实村民参与权进行探索创新主要是出于对参与权内部的现实发展状况进行改善、调整的迫切需要。具体而言，村民的参与权所遭遇的困境表现在四个方面。

1. 民主选举不够规范，村民的选举权难以得到保证

一是表现为广东有些地方的农村选举规模过大，农民并不能选上满意的当家人；二是有些地方的候选人在选举过程中缺少正式的竞争平台，选民无法了解候选人的治村理念、计划与能力；三是一些地区的选举过程相对来说不够公开、公正、公平，产生了很多选举乱象。由于民主选举是四个民主的首要环节，如果民主选举的过程滋生诸多不良现象，势必会影响到随后的民主决策、民主管理和民主监督的发展，将为基层自治的继续推进留下隐患。

---

① 《中共中央关于全面深化改革若干重大问题的决定》，人民出版社2013年版，第31页。

2. 民主决策形式上有权、实质上无权，村民决策权受到虚化、弱化

广东有些地方的村民参与农村大小事务决策的程序化相对不够健全。在代表性方面，决策的民主协商范围比较狭窄，村民代表缺乏广泛性；在决策效率水平方面，村民的决策效率水平远远没有达到预期的目标，呈现出"会而难议、议而不决、决而难行"的局面。这些情况导致与村民息息相关的切身利益问题难以得到解决，以及涉及村庄建设和发展的重大事项难以落地，从而使村民的合法权益受到损害。

3. 民主管理相对滞后，村民的管理权无法得到合理保障

这主要体现在管理主体单一化，村民的利益需求无法及时得到满足；由于管理章程不够规范化、制度化、统一化，村民参与村务管理活动面临无章可循、无规可依的困境；有些地方管理事务不够公开化、透明化，导致管理活动的混乱与失序。这些情况的出现，将不利于村民及时有效地掌握农村事务决策的信息，无法调动村民参与基层农村公共事务管理的积极性、主动性和自觉性，造成村民与基层村干部之间的隔阂与不信任，民主管理进程的推进必然会遇到不少的阻力和困扰。

4. 民主监督没有得到完整的落实，村民监督权不能有效地发挥

这主要体现在广东有些地方的监督队伍人员不够专业化、客观中立化，出现权力腐败，或者是村民监督意识不够强，村级组织及其工作人员在行使权力时难以得到有效约束。除此之外，有些地方村民监督的渠道不够畅通也是导致监督失效的重要原因。这些情况都将使民

主监督的功能与效用难以得到有效发挥，从而造成危害基层社会秩序稳定的事件频繁出现，如村干部以权谋私和权力寻租、干群关系紧张、利益分配不均引发上访事件等。

值得注意的是，由于广东区域发展存在差异性，很多地方尤其是粤北、粤西、粤东的一些山区农村地区经济并不是很发达，对提供基层自治有效运转所需的环境与条件的支持还相当缺乏和不足，这必然会影响村民参与权的发展。据2015年的数据显示，分区域看，生产总值占全省比重情况为珠三角地区79.2%，粤东、粤西、粤北地区为20.8%，粤东、粤西、粤北分别为6.9%、7.7%、6.2%。① 正是由于区域经济发展差距甚大，所以一些地区基层自治运营资金比较短缺紧张、捉襟见肘。同时，由于在现实生活中基层农村干部普遍受教育程度不高、法律知识水平有限，并不能积极有效地引导村民有序参与。另外，支持自治的技术条件还显得相当原始落后，这也给落实村民参与权带来了很多的不便和困难。因此，如何创造更好的环境和条件来落实村民参与权，也是摆在广东基层治理者面前亟待解决的一道难题。

（二）逻辑进路

为了解决上述基层自治中所面临的问题和挑战，广东一些地方对如何更好地落实村民参与权进行了探索和创新（见表5-1）。综合这些地方的实践经验来看，就是选择对"四个民主"各个击破，创造良好的环境与条件获取资金支持、人力支援和技术支撑，以实现民主决策与民主选举、民主管理与民主监督的同步发展，从而使基层自治有效运转起来并从中推动基层治理现代化的发展进程。

---

① 参见国家统计局广东调查总队《2015年广东国民经济和社会发展统计公报》，见 http://gjdc.gd.gov.cn/ztzl/tjgb/201603/t20160302_144187.html，2016年7月23日。

表5-1 广东落实村民参与权的典型案例

面临问题	四权不同步				缺乏资金、人才、技术支持		
应对措施	规范选举	引入协商	强化管理	推动监督	吸纳资金	人力支援	更新技术
典型案例	自治重心下移、选举观察员制度、团队竞选模式	村民代表议事制度、"1+5"民主议事决策机制、协商议事会制度	村民理事会、乡贤理事会等	村务监督委员会、违纪集中排查活动	社区基金会、驻村"乡村金融吧"	一村一法律顾问、选派"第一书记"	掌上村务、微信平台

具体而言，这主要表现在四个方面。

第一，规范选举以保证村民的选举权。清远市自治重心下移到自然村以利于缩减选举规模并调动选民积极性，番禺区实施团队竞选模式以形成一种有效的互动机制，河源市通过继续推进选举观察制度以确保选举公平公正。

第二，引入协商以发挥村民的决策权。在这方面，出现了较为大胆的有成效的突破，无论是增城的"村民代表议事制度"，还是中山的"1+5"民主议事决策机制，或是梅州协商议事会制度，其决策体制都引入了协商机制，增强了决策的程序性，扩大了决策的代表性，提高了决策的效率性。

第三，强化管理以保障村民的管理权。蕉岭县在自然村一级建立村民理事会，云浮市在自然村一级成立乡贤理事会，都有助于实现管理主体多元化、管理制度法治化，成为重建基层美好生活的重要支撑力量。全面开展村务公开，有助于提高管理的公开度、透明度。

第四，推动监督以发挥村民的监督权。蕉岭县村务监督委员会以及其他地方的监督机构对农村基层党员与干部违纪违法线索进行集中排查的活动，对于进一步优化监督队伍、增强村民监督意识、畅通监督渠道具有重要的影响和作用。

与此同时，面对基层自治资金不足、人才匮乏、技术落后的短板，深圳社区基金会和珠海"乡村金融吧"的建立在资金吸纳方面为基层自治获得重要的血液提供了经验，广东在全省普遍推广的"一村一法律顾问"工作和向城乡社区选派"第一书记"为落实村民参与权提供了重要的人力支援，而惠州"掌上村务"和增城下围村微信平台的推出给予了重要的技术支持，都能够为基层自治有效运转奠定重要的基础，有助于为进一步落实村民参与权创造不竭的活力和动力。

综观这些地方近年来开展基层治理模式探索创新的图景，广东在落实村民参与权的改革创新上主要体现为这样一种逻辑进路：从以民主选举为中心向以民主治理为重心转移，表现为"四个民主"的全面同步发展，并为落实村民参与权以促进基层自治的有效运转提供必要的资金和技术等条件支持。（如图5-1所示）换而言之，在推进基层治理能力现代化过程中，不仅要求"四个民主"必须同步发展，同时也要确保资金的充足到位和技术条件的创新支持。如果将这"四个民主"比作一辆汽车的四个轮子，那么资金支持就是燃料，技术支撑就是辅助工具，人力支援就是推力，这些要素缺一不可，否则基层自治这辆车就难以跑动起来。总之，广东一些地方为落实村民参与权的探索实践提供了富有启示意义的经验样本。

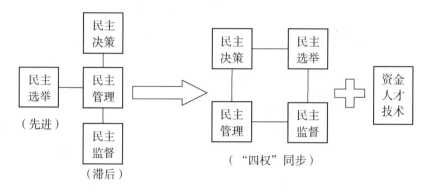

图 5-1 "落实村民参与权"的逻辑进路

二、规范选举：保证村民选举权

自1999年广东农村全面推行村民自治以来，民主选举的法律程序趋于规范统一，包括选民登记及名单公布、选举委员会产生、候选人提名、无记名投票、秘密写票、公开计票和当场公布选举结果等每一个环节在实践中都能落实到位，体现了平等、公开、民主、法治等原则，确保了村民能依法有序地行使选举权，人民群众基本上能选出令自己满意的"当家人"。但不可否认的是，民主选举进程虽然取得了相当程度的成就，但也遇到了不少问题。

（1）有些地方选举规模过大，农民并不能选上满意的当家人。由于有些建制村是由若干个村民小组组成的，村落人口众多，覆盖面积较大，候选人的背景比较复杂，村民的民主诉求和意愿并不能得到有效的反映与表达，村民在选举活动中可能会产生对选举不关心或拒绝参与的心理，并不愿投入过多的时间和精力参与选举活动，即使选举中出现不正当现象也熟视无睹，这对民主选举会产生不利的影响。

（2）候选人在选举过程中缺少一个正式的竞争平台，无法向选民宣传自身的治村理念、计划与能力。很多农村选举往往就是走过场，选举过程中并没有设置候选人与选民直接接触和互动的机制和环节，因而候选人找不到合适的场所和时机"推销"自己，选民也无法及时了解候选人的真实情况，选民很多时候并不能做出正确的判断和选择，不能选出合适的、满意的、能力强的或年轻有为的村干部。

（3）选举过程不够公开、公正、公平，致使产生很多选举乱象。这些乱象主要表现为：有些地方乡镇政府及其工作人员对选举进行直接操纵和干涉；选举过程中出现非法竞选行为，"贿选"的问题凸显，有些候选人为成功当选采取送礼、摆酒席、（用钱）拉票与买票等策略，或者拉帮结派（许下为其谋利的诺言）等办法；一些宗族为扩大或保持本宗族的势力和利益，不断地干扰和介入村委会选举，为维护宗族利益而不断欺压其他弱小宗族，导致派系纷争；黑恶势力入侵村庄，一些村里的"坏鬼""地痞流氓"或"土霸"为获得自己的利益，聚集社会闲散人员和村外的不法分子对选民进行恐吓和威胁以施加压力，或者在选举现场聚众闹事、打架斗殴等，影响了正常的选举秩序。

这些问题是农村选举过程中出现的较为普遍的现象，由于这些问题不断累积并长期得不到合理有效的解决，成为村民自治难以治愈的"顽疾"，不同程度上使村民自治陷入困境之中，也给基层民主自治带来了不少阻碍和困扰。为解决以上几个方面的问题，清远农村以自治"重心下移"、广州市番禺区以团队竞选、河源市以持续推行选举观察制度对此进行了探索改革。

（一）自治重心下移缩减选举规模

自治重心下移就是将自治由行政村下沉至原本的村民小组或自然村。2012 年年底，清远出台《关于完善村级基层组织建设推进农村综合改革的意见（试行）》，推进以完善农村基层治理模式为核心的农村综合改革，其中一个重要内容就是要积极开展村民自治重心下移。它改变了现行农村社会治理模式，将原有的"乡镇—村—村民小组"基层治理模式调整为"乡镇—片区—村（原村民小组或自然村）"模式，在片区建立党政公共服务站，在原村民小组或自然村设立村委会，开展村民自治。例如，清远一个叫赤米村的行政村所辖 33 个自然村，由过去 1 个村委会调整为 14 个村委会。据悉，2014 年，清远市村委会换届选举选了 3 个镇做试点，佛冈、英德、连州各 1 个镇，一共 354 个村，新设的村委会直接放到村小组或自然村去选。一个很明显的成效就是，在全市"两委"换届选举结束后，这 3 个试点镇的 350 多个村没有发生一起上访事件。其中，有一个自然村，当年 3 月 27 日选出村委会，4 月 2 日就开会商量修葺水利设施，而在这之前镇政府怎么动员都没有成功推进。①

之所以会取得如此成效，在排除选举成本、财政压力、选举单元特殊情况等因素的影响外，还有一个重要的原因，就是源于自治重心下移，有利于缩减选举规模，便于选民了解候选人并反映诉求和表达意愿，选出农民信任并认同的村干部，自然好办事、办成事。正如民政部基层政权和社区建设司巡视员曹国英所言，"与行政村不同，自然村一级的村委会等村民自治组织，由本村村民直接选举产生，相互

---

① 参见张由琼《自治重心下移破解农村难题》，载《南方都市报》2014 年 4 月 15 日。

知根知底，农民对他们更为信任，监督更容易到位，村务公开更易落实"①。

（二）团队竞选创造双向互动平台

在推进民主选举过程中，已经形成许多有益的选举模式，如吉林海选模式、安徽组合竞选模式、广东直通车模式，它们为基层民主发展提供了重要的经验与技术支持，解决了不少民主难题。但是，面对农村选举日益复杂化的现实情况，有些问题并不能完全得到解决，比如选民与候选人缺乏互动沟通的平台，造成选民与候选人之间隔阂越发加深。因此，在选举中引入竞争、允许竞争，在竞争中公平公正地进行选举活动，有利于实现选民与候选人的紧密联系与接触。近些年，在广东村（居）委会换届选举中，特别是在经济较为发达地区，部分村（居）委会候选人不再单打独斗参与竞选，而是以组成竞选团队的方式来角逐村委会的职位。广州市番禺区沙涌村换届选举须直接选举三个职位，即村主任、副主任和委员各1名。村中青年随即组成"实干青年团队"与"立志青年团队"各3人的竞选团队。两个竞选团队在现场宣布"政纲"、呼吁投票、向选民宣誓、接受提问等。开放的选举形式和旗鼓相当的竞选对手激发了沙涌2000多名选民的热情。经过两轮竞选，"实干青年团队"赢得了村委会正副主任的职位，而"立志青年团队"获得了一个委员职位。当工作人员宣布最终结果时，全场响起了六次掌声和六次欢呼声，这表明了人们对这次选举的肯定与支持。

虽然我国相关法律法规并没有对团队竞选做出具体规定，但选举法律制度规定了村民委员会实行差额选举及候选人的名额应当多于应

---

① 转引自周天《陈锡文解读自然村试点村民自治前景》，见 http://china.caixin.com/2014-01-22/100632335.html，2015年6月22日。

选名额，因此，团队竞选与差额选举所具有的竞争性是相关的，只要团队竞选在法定范围内进行，是有利于推动农村选举的民主化进程的。《广东省村民委员会选举办法》第十七条规定："候选人在宣传和介绍自己时要实事求是，发表治村演说，必须遵守法律、法规和国家的政策。"《〈广东省村民委员会选举办法〉实施细则》第二十六条规定："候选人发表治村演说，宣传自己，应实事求是，不得攻击、诋毁他人，并由村民选举委员会统一组织进行。"团队竞选模式作为基层民主选举中自发形成的选举方式，在一定程度上可以解决基层民主实践中存在的难题，促进基层民主选举制度的自我完善，建立有序的基层选举秩序，为候选人与选民互动提供重要的平台。这既可方便选民了解候选人，确保当选村干部的权威性和公信力，也可拓展村民政治参与的空间，激发村民的民主意识，提升他们的政治参与能力。

（三）选举观察确保选举公平公正

选举观察制度是当代国际社会在民主选举中普遍实行的一项制度，将其移植于村民选举制度之中，对于遏制选举中的不法现象和改善选举过程中的不良行为有重要意义。《广东省村民委员会选举办法》第五条规定："各级人民政府应当建立村民委员会选举观察制度。"在2005年举行的第三届村民委员会换届选举中，全省统一实行了选举观察制度，在全国农村村民委员会选举中开创了大规模、有组织实行选举观察的先例，成为在国内具有较大影响的一项地方政府制度创新。实践已经证明，选举观察制度是一项对于净化选举环境和保障人民民主具有重要作用的制度安排。选举观察员充分体现了第三方的中立角色，对选举违规违法行为进行检举、监督、纠正，有利于防止农村歪风邪气的出现。选举观察制度的实施有利于促进民主选举依法有序进行，保证选举过程公平公正、公开透明，从而提高选举质量。

2014年,为加强对村(居)级组织换届选举工作的监督,建立健全选举纠错机制,保证选举依法、公平、公正、公开进行,河源市推行选举观察员制度。市、县共选聘2014年村(居)委会观察员140名,以党代表、人大代表、政协委员、社会组织工作人员、大学生、离退休干部等政治素质强、作风扎实、掌握一定的法律法规、农村工作经验较丰富的人员为主,并对他们进行了培训,考核合格就颁发了"观察员证"。观察范围主要是选情比较复杂的村(居),强化村(居)换届选举工作的监督。目前,全市已观察的村(居)达114个,占村(居)总数的8%;预计到村(居)换届结束时,观察面可达10%。观察员可以根据实际情况灵活采取集中观察、指定观察等方式,实行村(居)换届选举全程观察,积极参与选举各个环节,以全面掌握选情和换届进程。观察员可以及时反馈意见与建议,在观察过程中一旦发现问题,对能当场纠正的问题立即予以纠正,对难以当场纠正的问题按程序上报市、县村(居)换届选举办公室,以便依法及时进行协调处理。据统计,全市村(居)委会换届选举中,共收到观察员意见与建议30多条,纠错10多宗。[①] 这表明,通过将选举观察制度移植到农村选举,并有效地发挥选举观察员的作用,为乡村民主自治提供了重要的外部支持。选举观察员也许并不能完全遏制和清除选举过程中不法行为引起的乱象,但以这种外部制约的方式可以有效促进选举有序地向公平、公正、公开的方向推进。

---

① 参见《河源市推行选举观察员制度,建立健全选举纠错机制》,见 http://www.gdmz.gov.cn/cmzz/201403/t20140311_36415.htm, 2015年10月31日。

三、引入协商：强化村民决策权

根据《村民委员会组织法》规定，民主决策主要是指涉及村民利益的村内重大事务由村民参与决定，如村集体的土地承包和租赁、集体企业改制、集体举债、集体资产处置、村干部报酬、村公益事业的经费筹集方案和建设承包方案等，都必须由村民会议或村民代表会议讨论，按多数人的意见做出决定。因此，由村民选出的村民代表组成的村民会议或村民代表会议是农村的"决策中枢"，为农村的公共事务和公益事业决策科学化、民主化和法治化奠定了制度性基础。但是，由于在村民自治实践中以民主选举为优先选择，民主决策、民主管理和民主监督的发展进程相对滞后，作为"决策机关"的村民会议或村民代表会议，处于"形式上有权、实际上无权"[1]的境地。从实践情况来看，民主决策的效力和作用出现被弱化或被削弱的局面是由多方面原因造成的。

第一，决策的程序化程度不高。这表现在村民或村民代表对村中大小事务进行决策时，缺乏一套科学的、规范的、可行的程序规则。在决策过程中，如何进行主持、提出议题、发言、辩论、质询、表决、公布结果无规可循，造成决策的过程杂乱无章，决策的质量水平普遍不高，村民的意见和建议无法得到有效的反映和表达，致使村中

---

[1] 徐勇、沈乾飞：《村民议事会：破解"形式有权，实际无权"的基层民主难题》，载《探索》2015年第1期。

重大的决策难以落地。

第二，决策的民主协商范围比较狭窄，代表广泛性不足。这主要体现在有些地方的民主决策往往流于形式化、空洞化，村民会议或村民代表会议召开的频次并不高，决策机构由于决策功能被村党支部或村委会代为行使，逐渐蜕变为"空壳"，村中事务往往由村党支部书记或村主任一人或村"两委"少数人掌控，村民或村民代表的声音被屏蔽或忽略，村民自治异化为"村干部自治"或"少数人做主"。

第三，决策的水平不够高。由于农村决策程序不够规范、技术也不成熟，同时也由于村民受教育的文化程度不高、缺乏较强的民主意识和能力，并不能有序积极参与讨论，村民会议的现场混乱不堪，争吵更是"家常便饭"，导致村里什么事情都办不成、办不好。更严重的是，有些地方把农村决策场所当作派系争权斗气的地方，村民对村委会及村干部的信任度不断下降，使基层组织机构的工作无法正常有效地运行。

如果这些问题得不到合理解决，同样也会导致基层自治陷入困境。因此，如何科学有效地进行民主决策，提升民主决策在村民自治实践中的地位与作用，是摆在基层治理改革中的一道不可回避的难题。增城、中山、梅州三地的农村地区在民主决策方面对此进行了有益的探索、调整和改革。基于这三个案例的综合分析，我们发现三者比较显著的共同特征就是引入了协商的元素，将民主议事机制带进了决策过程之中。民主议事是对协商民主的践行，而协商民主就是自由而平等的公民通过对话、讨论、听证、商议、辩论等协商形式进行民主决策，从而使决策走向科学化、民主化的方向。

（一）增强决策程序性

为健全和完善决策的程序与规则，提升民主决策的科学化程度，增城下围村推行村民代表议事制度。下围村是增城石滩镇东南部的一个村落，改革开放初期，因其区位商业条件优越，村里兴起了大开发热潮，并在1993年成为县经济技术开发区管委会驻地。由于征地拆迁、物业出租和工程建设，下围村土地利益涌现，但因分配机制存在不公正现象，下围村内部矛盾纷争不断。即使在1993年实行村委会直选也没能解决村中的治理难题，反而越发严重。不论哪一派系的人当选，另一派都群起而攻之，千方百计地阻挠对方的改革行动。下围村治理困境主要表现为两个方面：一是村内两派系争斗不断，双方相互反对、相互拆台，缺乏平等对话的空间；二是由于不懂民主操作流程，加之"两委"矛盾等问题，其民主决策、民主管理和民主监督长期以来难以实施。2014年，新一届村"两委"建立村民代表议事机制和议事平台，实行"民主商议、一事一议"，从细节和程序上完善了"村民代表议事制度"。在已经出台的《石滩镇下围村村民代表议事制度》中，下围村对如何明确议题、公示议题、议事环节、违规警告、投票表决等规则和程序都做了明确细致的规定。

中山市在2012年推进实施"1+5"民主议事决策机制，其中"1"是指健全、落实和发挥村党组织的领导核心作用，"5"是指完善和落实提议、商议、决议、执行和监督等机制。"1+5"民主议事决策机制作为中山市黄圃镇创新农村基层管理"书记项目"，在该镇鳌山村开展试点工作。该镇在鳌山村先行先试和总结经验的基础上，还按照"广集民意、充分讨论、民主决策、规范执行、明晰流程、监督有力"的原则，逐步在全镇各村（社区）广泛实施"1+5"民主议事决策机制，并通过实施这项机制，使农村重大事务决策更加科学、合理和规范，从而促进村级议事决策的公平、高效和社会进步。[①] 梅州在一些地区推行协商议事会制度，强调其所

---

① 参见《农村"1+5"民主议事鳌山村先行》，载《中山日报》2012年11月14日。

"议"之事包括村级重大问题和涉及村民利益的重大事项必须实行民主决策,并按照议事原则由村民民主表决,实现"我的村庄我做主"。协商议事会也成了村民畅所欲言的议事平台。

在城市社区里也有一些好的经验做法。比如,深圳市罗湖区社区居民议事会借鉴罗伯特议事规则制定了"罗湖十条",即在社区居民议事会开会决议社区的大小公共事务过程中,遵守"主持中立、起立发言、面向主持、表明立场、不超时、不打断、不跑题、不攻击、机会均等、服从裁判"的议事规则,并按照"公开、公平、公正、依法依规、民主议事"的原则进行议事,确保社区居民议事活动过程中每一个重要环节都按照要求向居民公开,增加工作透明度,从而严格规范了社区居民议事程序和要求,提高了社区居民的自治能力,有效保障了人民群众享有更多更切实的民主权利。由此,我们可以发现这些地方都很注重民主决策的程序化,逐渐形成了有效的议事原则和规则,协商的要素贯穿于决策的整个过程之中,这无疑将推动决策走向科学化、民主化和规范化。

(二)扩大决策代表性

要改变和消除决策代表广泛性的不足带来的不良影响,采取的有效途径就是将各界代表尽可能纳入决策过程中,广泛听取他们的意见和建议,最大限度地维护大多数人的合法权益,防止个别村干部专权独行、谋取私利,以及凌驾于村民会议或村民代表会议之上,从而保障村民的合法权益。增城下围村有9个合作社,约600户。按小片区划分,每5户至15户选出1名村民代表,一共选出69名代表;由这些村民代表组成议事会,代表村民参与村里大小事务的决策,实行"民主商议,一事一议",形成了以村民代表会议制度为核心的村民自治新模式。中山黄圃镇鳌山村在2012年11月9日从109名村民代表中直选产生7名村民议事代表,这7名村民议事代表与村里的新中山人、"两新"组织、"两新"组织党组织的代表和村"两委"干部共17人，构成鳌山村民主议事会。在"1+5"民主议事决策机制框架内，落实了村民、党员、村"两委"的提议权和议事权，村民会议的决策权，村委会的执行权以及村民代表的监督权，从而明确界定农村多元主体的权力界限，从而改变少数人代替大多数人进行决策或"村干部自治"的局面。梅州三圳镇芳心村则建立了村民协商议事会，由村民代表、村"两委"干部、村务监督委员会成员、党员议事代表、村民理事会会长等在内的54名代表组成，由这些利益相关者参与公共事务的讨论与决策，能够充分代表和反映农民的利益诉求和愿望。

无论是村民议事会，还是村民民主议事会或村民协商议事会，其组成人员的来源都扩大了决策的代表性，增强了决策的民主性与广泛性，改变了由少数人独权专断的局面，提升了由村民代表组成的决策机构在基层自治中的地位与作用，使村民的决策权获得了充分发挥的机会与空间。

（三）提高决策效率

民主决策的成功与否可以从决策的效率水平高低得知。由于以往村民会议或村民代表会议的决策不够规范化、程序化，广泛性不足，缺乏约束力，导致很多村中的大小事项"议而不决、决而不行"，严重影响了村民的生产、生活，不利于农村经济社会发展。增城下围村"村民代表议事制度"不但完善和健全了议事规则和程序，还形成了一种承诺机制。它规定每个议题不但需要村民代表总数的2/3赞成才能通过，而且通过的决议必须由每个村民代表签字画押确认才算数。不仅村民代表要带头遵守和拥护这些决议，而且作为执行机构的村委会必须无条件地服从和执行。至今，下围村共召开村民代表会议18次，商议议题38个，表决通过事项37项，否决事项1项。村民议事会的派系斗争不但消失了，而且村集体经济收入从此前的390万元提升到720万元，村民人均收入增加了800元。村里的收入增加，用于年金发放、老人福利金、环卫绿化和治安设施的投入也随之增加。梅州推行的村民协商议事会制度也取得了一定的成果。由于协商议事会成为村民畅所欲言的议事平台，大多数人的意见和建议都得到尊重，决策结果得到大家的拥护，农民自然会自动自觉地执行议事会的决策。2015年10月17日，芳心村召开村民协商议事第一次会议，就村庄环境整治、如何发展村集体经济、理事会该做什么等进行协商讨论，并在会上投票表决2015年垃圾卫生费的收费标准，获得了村民的支持与肯定。

上述案例表明，要改变村民自治"决策机关"的弱势地位，必须增强决策的程序性、扩大决策的代表性和提高决策的效率性，以此健全与完善村民民主议事决策机制，提升和增强决策机构的地位与作用，克服决策机构"虚设""摆设"甚至"假设"的弱点，从而对村委会及其他村级组织形成强而有效的制衡。它们所呈现的一个共同特点就是将协商机制引入民主决策的环节，使协商的要素在决策过程中发挥重要作用，村民的意见和建议得到充分的考虑和尊重，大多数村民的利益得到最大的体现和保护。这既丰富了基层治理的形式，也拓宽了村民参与基层社区公共事务和公益事业的渠道，使村民的民主权利得到了更多切实的保障。

四、健全管理：保障村民管理权

民主管理是指村民依据一定的法规制度参与农村事务的管理。民主管理的实行意味着农村内部事务的管理权是属于全体村民共同、平等享有的权利，村民才是农村公共事务和公益事业管理的主体。在现阶段，建立健全农村民主管理制度，既是保持农村稳定秩序的迫切需要，也是全面建成小康社会的必然要求，更是基层治理现代化的着力点。然而，民主管理的发展也遭遇了不少阻力。

第一，管理主体单一化。村民一般希望村庄大小事务都能由村委会包揽包办，但是由于村委会人力、物力和财力的有限性，特别是在那些由若干村民小组组成的大行政村，实际上并不能将村务管理得面面俱到，村民的需求很难得到一一回应和解决；最终不但会影响村委会的办事效率，也会加深村委会与村民之间的隔阂与误会。

第二，管理活动无章可循、无规可依。村务管理缺乏一套规范化、法治化的规章制度，会出现诸多不良影响：管理主体责任不明确，管理行动消极被动，"不告则不管，不诉则不理"，村民难以获得有效的公共服务供给，造成村庄管理无序的局面，使村民合法权益难以得到切实维护。

第三，管理事务公开度、透明度不高。村务公开重形式、轻实效，存在假公开、选择性公开、公开不及时不到位、村务公开渠道较为单一等现象，其公开内容的深度和广度也不够、随意性较大，村民无法确切掌握到村务管理信息，致使村民的知情权、表达权、监督权并不能得到有效的行使和保障。

这些问题导致村民参与民主管理时处于弱势地位并且地位不断被削弱，这也将给农村基层治理带来诸多弊端。为克服农村民主管理存在的上述难题，广东省有些地方在这方面也着手探索实践并加以改善与健全。

（一）管理主体多元化

管理主体多元化就是通过在自然村或街道之下的更小单元内建立管理组织，以"微自治范式"① 实现参与基层事务管理的主体多元化，改变仅仅依靠村（居）委会来管理社区公共事务和公益事业活动的被动局面。

1. 村民理事会

蕉岭县三圳镇全镇 143 个村民小组均建立了村民理事会，覆盖率达 100%。它主要由热心公益事业的老党员、老干部、创业致富能手、优秀青年，以及德高望重、工作能力强、熟悉农村工作的村民作为理事会班子成员人选，并要求至少有 1 名理事是党员。村民理事会的工作主要是协助村"两委"解决实际问题，破解行政村"村大、人少、办事难"的难题，实现民事民治、民事民办、民事民议。

2. 乡贤理事会

当前，农村普遍存在人才、资金外流的现象，农村管理出现

---

① 赵秀玲：《"微自治"与中国基层民主治理》，载《政治学研究》2014 年第 5 期。

"真空"。为解决这一问题,云浮在自然村一级培育和发展乡贤理事会。理事会理事成员产生方式是由自然村(村民小组)在具有独立民事责任能力的经济文化管理能人、老党员、老干部与有威望、有能力的乡贤和热心为本村经济社会建设服务的人士中推荐提名,经村(居)党支部审核,镇(街道)备案登记,由自然村(村民小组)公布后确认成为理事成员,并由理事成员会议选举产生理事长、副理事长、秘书长。2011年6月,在云浮市云安县开始试点工作。据统计,截至2012年8月底,全市已培育自然村乡贤理事会8196个,基本实现全覆盖;有理事成员68749人,其中外出乡贤和经济能人达35499人,占52%。①

3. 邻居理事会

随着经济社会的转型,各种利益关系日益复杂,社会问题突出,很多城市社区出现"流动人员多、失业人员多、邻里矛盾纠纷多,邻里之间往来少、互信少、互爱少"的现象。面对复杂的社会现实问题,基于多元化利益诉求格局下的社区治理新需要,湛江市罗州街道大胆创新、因势利导,于2012年3月组建了127个邻居理事会,尝试由政府掌舵、社会组织划桨的基层服务管理的新模式。② 邻居理事会是居委会指导下的群众性组织,设理事长1名,理事3~5名,担负着评判美丑善恶、调处邻里纠纷、服务居民群众、监督公共事务、倡导文明乡风等工作职责。其成员主要是从威望高、能力强、明事理、有爱心的老干部、老党员、复退军人或经济文化能人中推荐、选举产生。

这些城乡社区的理事会自治组织,以老党员、老干部、创业致

---

① 参见《云浮市培育和发展自然村乡贤理事会》,见 http://leaders.people.com.cn/n/2014/0618/c382918-25167075.htm,2015年11月10日。
② 参见《广东省湛江市罗州街道创新社会治理组建邻居理事会》,见 http://leaders.people.com.cn/n/2014/0618/c382918-25167083.html,2015年10月31日。

富能手、乡贤、优秀青年为主体,有利于调动众人的力量来推进民主管理事业的发展,充分利用和发挥村(居)人力、物力和财力的最大效用,帮助解决与村民息息相关的事情,从而增进基层干部与村民之间的沟通与联系。

(二) 管理制度法治化

2014年党的十八届四中全会通过的《中共中央关于全面推进依法治国若干重大问题的决定》提出要"发挥市民公约、乡规民约、行业规章、团体章程等社会规范在社会治理中的积极作用"[①]。因此,在基层社会,为了确保民主管理活动有序进行,必须根据地方实际情况制定一套规范可行、有约束力的管理制度,从而为推动基层公共事业和公益事业发展提供重要保障。蕉岭县三圳镇为使村民理事会各项工作更具指导性、操作性,制定了《村民理事会议事基本规程》《村民理事会财务收支管理办法》等规章制度。村民理事会办事有章可循、有规可依,办成了不少大事。据统计,该镇的其中84个村民理事会共筹集美丽乡村建设资金812.73万元,用于村庄整治、拆旧建绿、修建公园、修缮宗祠等惠民工程。全镇共新建成小公园45个、篮球场与文化室15个,修建桥梁4座,安装路灯5公里,拆除危旧房475间,清理街道和卫生死角100多处。同时,村民理事会还引导和支持村民发展专业合作社,进一步促进农民增收。目前,全镇共建成淮山、石斛、莲子、香芋、花生等百亩以上的农业基地10多个。[②]

---

① 《中共中央关于全面推进依法治国若干重大问题的决定》,人民出版社2014年版,第28页。
② 参见陈萍、陈勇、黄文驹《蕉岭三圳镇"五好"扎实推进村民理事会建设工作》,见南方网(http://mz.southcn.com/content/2015 - 10/24/content_135481147.htm),2015年10月31日。

为了使乡贤理事会有效运行，保证其在同级党组织的领导下履行协助镇（街道）、村（居）委会、自然村（村民小组）开展农村公共服务和公益事业建设的职责，云浮市制定并出台《关于培育和发展自然村乡贤理事会的指导意见》，规定自然村乡贤理事会是以参与农村公共服务和开展互帮互助服务为宗旨的公益性、服务性、互助性的农村基层社会组织，弥补基层政府和自治组织提供公共产品和公共服务的不足，形成有益的补充。它的主要职责是协助调解邻里纠纷、协助兴办公益事业、协助村民自治。

在城市社区，以湛江市罗州街道为例，也制定了《罗州街道邻居理事会章程》《罗州街道邻居理事会理事工作职责》，以界定理事会职责，明确理事会的组织机构、议事规则、工作职能与任务。与此同时，罗州街道着重从四方面强化制度建设，包括利益诉求受理制度、联席会议制度、领导挂点包案制度、维权评议制度，以推动邻居理事会及社区服务管理不断创新发展。罗州街道邻居理事会成立以来，构建了基层多元化利益协调新机制，形成了政府主导、理事会协同、居民参与的社区管理新格局，确保基层服务全覆盖、全天候、零距离。

这些地方制定的规则和章程将为其他地方的村民参与基层民主管理活动建立规范化、法治化的规章制度提供经验借鉴，可以使农村的管理活动有规可依、有章可循，使村民能更积极主动地参与到基层管理活动中，从而让村民更好地获得有效的公共服务供给，维护合法的权益。

（三）管理事务公开化

现阶段，村务公开是社会主义新农村管理民主的重要要求，是健全农村经济体制和完善农村社会管理体系的重要保证。如果村务管理不够公开透明，就可能会使权力产生异化甚至扭曲，导致一些干部任意妄为、滥用权力。因此，村务公开与村庄建设发展息息相关，更关系到基层社会的和谐稳定。广东省第十二届人大常委会第十二次会议于 2014 年 11 月 26 日修订通过《广东省村务公开条例》（以下简称《条例》），并在 2015 年 1 月 1 日施行。《条例》对需要公开的村务管理事项做了详细规定。它要求村民委员会应当按照本条例规定的时间、形式、程序和标准，将涉及村民切身利益、本村经济社会发展的事项以及村民普遍关心的其他事项予以公布，接受村民监督。与此同时，村务公开应当坚持依法、全面、真实、及时、规范的原则，实行事前、事中、事后全过程公开，保障村民的知情权、决策权、参与权和监督权。2015 年，在广东省推行的乡镇（街道）和职能部门与村（居）委会双向考核试点工作中，实施村（居）务公开民主管理的情况被纳为乡镇（街道）和职能部门考核村（居）委会的主要量化指标之一。其考核的内容主要包括：村务公开栏是否按照省的统一指导模板样式建造并妥善维护管理、发挥作用，农村党风廉政信息公开平台是否正常运行并发挥作用，村经济社会事务和事项是否依法公开、按时公开、分类公开、真实公开，村民反映、投诉的村务公开事项是否及时受理、反馈或者解决，等等。照此看来，若村务公开能够依法依规顺利进行，既能有效维护村民的合法权益，也能有效防止权力腐化，并确保权力在阳光下运行。

在广东省村（居）民自治改革创新试点工作开展过程中，试点单位增城区将村务公开这项"阳光"工程列入了重要议事日程，充分认识到推进村务公开是解决农村基层不正之风和腐败问题的重要抓手。具体而言，增城主要从四个方面深入推进村务公开工作，力图使村务管理的方方面面"阳光"化，切实强化农村风险防范。首先，设施建设标准化，深入推进农村基层村务公开全覆盖。增城区财政投入 400 多万元，按照广东省统一规范完成了全区 284 个村村务公开栏设置及制度的建设，每年按 20% 的比例开展创建广东省村务公开民主管理示范活动。其次，推动村务公开规范化和制度化。按照规定要求召开了推进农村基层"三公开"现场会，编印了《农村基层"三公开"工作范本》和《西境村制度汇编》，指导各镇（街道）在原有村务公开的基础上，进一步深入推进农村党务、村务、财务"三公开"，要求凡不涉及保密规定的都要向党员和农民公开，做到定期、及时、翔实公开，坚决纠正和防止不公开、假公开问题。再次，强化农村集体"三资"监管，落实资产运营公开和民主监督。开展农村集体"三资"清产核资，摸清情况。按照"一清、二建、三查"的工作要求，深入开展以农村集体"三资"清理监管为重点的专项治理，增城全区11个镇（街道）建立起农村集体"三资"台账。最后，全面推进农村党风廉政信息平台建设工作。增城完成了284个行政村党风廉政建设信息公开平台建设工作，并将其纳入各镇（街道）党风廉政建设年度考核内容；制定了《关于完善农村党风廉政信息公开平台建设工作的实施意见》，进一步抓好平台使用管理、运行及监管，使村民足不出户即可及时了解党和政府的惠民支农政策和党务、村务、财务等重要事项。可以说，增城区的探索实践为村务管理公开提供了有意义的经验启示。

五、推动监督：发挥村民监督权

民主监督是基层民主自治的重要内容，其监督主体是村民，监督对象主要是直接从事日常村务管理的基层组织及其组成员。在基层治理过程中，无论是民主选举、民主决策还是民主管理，其每个环节都蕴含着村民的监督，由村民直接参与基层政治生活和介入公共权力的运作过程之中，是防范权力偏差和蜕变的有效机制。如果缺乏民主监督，民主选举、民主决策和民主管理的成果就难以得到巩固。因此，基层民主治理的绩效如何，跟民主监督的效果程度大小有莫大的关联。尤其是在广东农村地区，民主监督是村民自治中相对薄弱的、较难发挥效力的环节。正如习近平总书记提到的："要加强对权力运行的监督。没有监督的权力必然导致腐败，这是一条铁律"[1]。因此，若是民主监督未见实效，村干部的权力就易发生异化和扭曲，将会对基层民主自治的事业发展产生不良影响。

目前，民主监督在广东实践中存在的问题主要表现在三个方面。

第一，监督队伍人员不够专业化、客观中立化。有的地方农村还没有建立村务监督委员会，即使建立了村务监督委员会的农村，在人员、资金、办公环境和条件方面也存在很多不足。例如，组成人员比较复杂，有的还由村"两委"成员兼任村务监督委员会职务。这样将造成基层组织机构职能交叉重叠，权力就会出现错位、缺位和越位。同时，权力过于集中将会失控，引发以权谋私、中饱私囊等腐败行为。

第二，村民监督意识不够强。村民作为监督主体，其监督意识较为薄弱，并不能积极主动地行使法律所赋予的监督权利，只有遇到涉及自身利益的事情才会行动起来。同时，作为监督对象的基层干部也未能弄清权力来源，一味"对上不对下"，不愿接受村民监督，以至于有些村干部挪用公款、奢侈浪费、挥霍无度，难以甚至

---

[1] 中共中央宣传部：《习近平总书记系列重要讲话读本》，学习出版社、人民出版社2014年版，第86页。

无法监管，有的甚至对监督者进行打击报复。

第三，监督渠道不够畅通。有些村庄的监督渠道比较单一，其监督功能并不能正常发挥，往往流于形式、走过场，民主监督成为一个"摆设"，村民的意见未能得到及时有效的处理和反馈，村民对村级组织及村干部积怨甚重。也因监督无力，基层干部贪污腐败有恃无恐，难以受到相关法律的处置，甚至有些地方出现"小官巨腐"的现象。

如果上述民主监督存在的问题得不到及时改善，将会破坏基层政治生态，带来难以想象的后果。因此，如何将基层干部置于村民有效的监督制约之下并遏制权力的腐败，成为广东基层治理的一道难题。要使基层自治进一步发展，就要加强基层民主监督功能，健全和完善基层民主监督机制。为破解城乡社区监督薄弱、问题多发的难题，广东有些地方也开始对民主监督进行了探索。

（一）优化监督队伍

优化监督队伍有助于进一步发挥监督主体客观公正、第三方中立的作用。2007年，梅州市蕉岭县率先在该县芳心村试点建立村务监事会。村务监事会是新型的农村管理监督机构。其主要通过"复活"乡村绅士的力量，来监督村委会委员的举动。在政府力量的推动下，村务监事会产生了各种较为明显的效益，得到了推广。2009年7月，蕉岭县广育村也试行了村务监事会制度，这一运行模式被誉为"蕉岭模式"。2010年10月，梅州市以新颁布的《村民委员会组织法》明确了以村务监督委员会的法律地位为契机，采取措施并积极推进，将村务监事会改为村务监督委员会，迅速召开现场会总结推广试点经验。2011年，结合村"两委"换届，在全市2229个村（居）委全部建立了村务监督委员会。村务监督委员会成员大多是热心村务、有威信的人，其中老模范、老党员居多，由他们代表村民对村干部、村务、村账进行最直接的监督。根据蕉岭县相关法规的规定，村务监督委员会中的每位成员的工作表现都要接受群众打分，本村村委会委员及其近亲不得担任村务监督机构成员。这些举措的实施使村民及村务监督委员会成员更能有效地监督村民委员会及其成员，使他们正确认识到权力的"两面性"，摆脱各种不良因素的束缚和影响，正确地使用村庄的公共权力，自觉做到权为民所用。

（二）增强监督意识

蕉岭县村务监督委员会的设立有利于增强村民的监督意识，使村民自觉主动地行使监督权利。村务监督委员会被干部与群众形象地称为"田间纪委"，它在乡村治理中已形成一定权威，起到了连接沟通干群的"纽带"作用。而这种权威和作用源于村务监督委员会的"上接纪委、下接民意"。"上接纪委"是因为村务监督委员会是在县、镇纪委指导下建立的，有上级纪委"撑腰"。"下接民意"在于村务监督委员会成员由村民代表会议民主推选产生，其监督权力由本村村民授予。村务监督委员会成员扮演了三种角色：一是村（居）集体权益的"守护者"，落实民主理财；二是村干部违纪的"防火墙"，监督重大事项的落实；三是干群之间的"协商者"，帮助化解矛盾。① 村务监事会制度的实施有利于村民自觉进行监督，维护自身合法利益。例如，蕉岭县三圳镇芳心村村委会由于迁入新村委会大楼而决定卖旧村部，村务监事会要求村委会召集村民代表会议对处置方案进行公开审议。最后，在听取村委会提出的各种处理方案之后，村民代表一致商定实行招标拍卖。这一监督

---

① 参见《蕉岭"田间纪委"，盯紧"村官村务"》，见新华网（http://news.xinhuanet.com/mrdx/2012-10/01/c_131883625.htm），2015年10月5日。

的结果使原计划以 13 万元价格出售的旧村部最终在拍卖中以 17 万元成交,群众利益得到了有效维护。因此,由村民组成的村务监督委员会扮演"守护者""防火墙""协商者"的角色,有利于对公共权力行使者进行有效的制约与监督,以防止权力腐化和变异。

(三)畅通监督渠道

要发挥民主监督的效力,监督的渠道就应该多样化。外部应该注重上级政府部门、公共舆论、媒体等渠道的监督,内部还要依托村民自身自觉自发的监督,内外双管齐下,才能形成一个强力完备的监督网络体系。这就需要不断畅通与完善监督渠道和形式,探索可靠可行的监督机制,蕉岭县村务监督委员会对村委会绩效考核及其他地方的监督实践就是这方面的尝试。

蕉岭县村务监督委员会对村委会干部的监督除平时直接提出意见与建议外,还要对村干部工作进行绩效考核。这跟依赖于上级政府部门对村委会干部的考核有所不同,考核主体转换为代表村民的村务监督委员会成员。根据《蕉岭县村"两委"班子和村干部绩效考核实施办法》规定,评议为"不称职"的村干部,将由县纪委、县委组织部、县民政局等单位对其进行集中诫勉谈话;连续两次评议为"不称职"的,按照《村民委员会组织法》的规定,使"其职务终止"。因此,由"三老两代表"组成的村务监事会,对村"两委"干部的权力行使形成有效的制衡,使其既"不敢"也"不能"利用手中的权力来谋取私利。

2015 年,广东省纪委出台了《关于开展农村基层党员、干部违纪违法线索集中排查活动的意见》,与传统的线索起底即各级纪委采取开门接访、翻查旧账的形式不同,一些地方开始尝试以新的形式来排查违反"中央八项规定"精神和存在"四风"问题,征地拆迁和工程建设等领域,农村"三资"管理使用,涉农政府专项资金管理使用，以及执法、监管、公共服务等窗口行业和领域这几个方面的违纪违法线索。例如，清远市的各乡镇纪委组织干部每周夜访农户一次，每逢镇集墟日设立固定接访点，主动贴近群众，深挖违纪违法线索；南雄市纪委从各镇（街道）纪委、村务监督委员会、"阳光使者"中选聘250名排查员，构建密集的摸排网络；湛江市麻章区湖光镇选派52名干部驻点到村、联系到户，累计驻村632次，走访村民9327户；普宁市占陇镇纪委组建5个暗访组，采取"听、谈、访、查"等形式，深入各村、社区广泛收集第一手信息资料。① 这些形式的出现为村民监督村干部及其他工作人员提供了便利的通道，使村干部行使公共权力时受到了有效的制约和监督。

六、巩固基础：资金、人力与技术支持

经过30多年的发展，基层自治虽已取得很大的进展，但其进程遭受到不少现实条件的制约和阻碍。

第一，基层自治运行所需的资金短缺与紧张，满足不了群众对公共服务日益增长的需求。在税费改革之后，基层组织的运行面临严重的财政资源匮乏，有些地方村委会甚至负债运行。如果基层自治没有持续的资金投入，就会出现"三难"情况，即基层组织

---

① 参见《打通基层反腐最后"一公里"》，见 http://www.ccdi.gov.cn/xwtt/201507/t20150714_59199.html，2016年7月23日。

"无钱"寸步难行、公共事业与公益事业"无钱"难以开展、村民生活"无钱"难以保障，从而使自治面临瘫痪的危险。特别是随着现代社会的加速发展，群众对公共服务的需求和期待也不断增长。这与日益紧张的基层组织财政收入形成了巨大的反差，不可避免地产生了矛盾和冲突。中国社会科学院政治学研究所于2013年进行的全国城乡社区建设与村（居）民自治的问卷调查中发现的一个突出的问题，就是村（居）民普遍认为需要重点解决"社区建设与村（居）民经费不足"[①]的问题。尤其是在现今推行的"村财乡管"体制下，依靠政府有限发放的财政补助、补贴对村务进行治理，会导致村委会必须依附于乡镇政府，容易造成村委会成为乡镇政府的"一条腿"，自治组织就可能退化为上传下达的"传话员"，而体现自治精神的"当家人"角色就会难以得到发挥。因此，资金短缺容易致使村民自治的拳脚受到束缚，村干部即使想为民办实事、办好事都举步维艰，这最终会影响基层民主治理的绩效。

第二，基层自治的人才相当匮乏，基层干部知识水平和文化素质有待进一步提高。基层自治的关键在于人才，要提升治理绩效就必须要积极发挥他们的特长和优点。但是，由于基层社区环境和条件的限制与不足，人才流失、难以吸引和留住优秀人才在基层发展成为一个很大的难题。因此，如何解决人才向基层倾斜和流动的问题对于基层自治具有重要意义。同时，随着经济发展水平的提高以及城镇化速度的加快，对基层自治的领导干部提出了更高的要求。如果要提升自治的水平和质量，就要求基层干部必须具备较高的知识水平和较强的能力素质。然而，在一些地区，由村民选举出来的基层干部由于受教育程度普遍不高，对国家的法律、经济和文化等知识并不能熟练掌握，对基层事务的管理并不能熟练应对。这些情

---

① 参见房宁《中国政治参与报告（2014）》，社会科学文献出版社2014年版，第22、238页。

况的出现就会给基层治理带来不少麻烦。例如，基层干部贪赃枉法、分配不均，引发群体冲突，甚至带来腐败和黑恶势力问题；基层干部决策不公正，成为不法利益的保护伞；村"两委"干部碌碌无为、组织涣散等，导致村庄建设发展停滞落后。

第三，运用于基层自治的技术还相当落后。在一些农村地区，由于经济不发达、地理位置偏远、交通设施不便利，村委会的办公环境和条件相对简陋，甚至有些村委会就是靠一间平房、一张桌子、一张板凳运转着。在现今信息网络技术普及化、交互化、开放化的时代，基层自治信息技术发展的速度和水平明显跟不上时代发展的趋势。基层治理信息技术应用的落后致使基层管理事务信息不能及时公开，群众不能第一时间获取相关信息。信息不对称导致群众与基层干部的人际关系日益疏远，彼此之间缺乏沟通与理解，加深了基层干部与群众之间的不信任与隔阂，最终不利于基层自治事业的发展。

由上可知，如何创造好的环境和条件获得资金支持、人力支援和引进更新技术以落实村民参与权，也是基层治理需要跨越的一道坎。尤其是在近年来，广东经济社会结构处于快速转型过程中，城镇化速度和进程不断加快，基层治理面临层出不穷的问题和矛盾。这对基层治理形成了更为严峻的挑战，需要基层组织不断壮大发展自身，也对管理人员提升自身素质和服务能力提出更高的要求。很明显，若是基层社会要保持稳定发展的良好局面，需要创造良好的环境和条件来落实村民参与权。为改变这一困境，广东一些地方基层自治组织在获取运营资金、人力支援和引进技术方面也提供了一些有益的经验。

（一）广泛吸收资金为自治输血供液

1. 内部集资

2014 年，深圳社区基金会从企业主导的"桃源居"模式发展成"政府主导型"社区基金会的培育模式。据公开资料显示，2013 年 12 月挂牌的"深圳市圆梦南坑社区基金会"成为国内第一家在名称中直接冠以"社区基金会"之名的基金会。此后，光明新区、宝安幸福海裕等 5 家社区基金会相继成立。深圳首创的社区基金会，其培育发展工作被列入深圳的社会建设"风景林"工程重点项目。① 2014 年 3 月，深圳市为社区基金会的落地做出了制度安排，出台《深圳市社区基金会培育发展工作暂行办法》，在全国开创社区基金会的先河，催生了一批政府倡导型的社区基金会。截至 2014 年年底，全市共登记社区基金会或社区基金 15 家。破茧而出的社区基金会点燃了居民参与社区治理的热情，也为社区居民参与社区治理提供了样本。2014 年年底，深圳市首个居民众筹成立的社区基金会亮相。89 个蛇口居民自掏腰包成立社区基金会，致力于链接本地资源，解决本地问题。同时，89 位发起人通过直选，选出 7 名理事会成员来进行社区基金会的相关决策，并确定以罗伯特议事规则来开会和议事，以确保议事是公正中立且有序进行的。社区基金会不仅通过扶持培育当地社会组织，促进社区发展，也让社区资本与公益组织形成良性循环的生态链。而社区基金会相对独立的治理结构又可以调动社区居民参与社区自治的热情。因此，成立社区基金会是社区共治的不二选择。随着社区基金会理念深入人心，以社区

---

① 参见《社区基金会开启居民自治新模式》，载《深圳特区报》2015 年 4 月 27 日。

基金会为载体推动社区共治，从企业倡导、政府主导转为社区居民的自觉行为，从而让更多的人关注自己生活的环境与社区的发展。

社区基金会是一种新型的公益性社区服务型社会组织，通过不同的途径有效整合各类社会资源，为民间自发成立社区基金会提供了土壤，使许多社会问题在社区层面以慈善、公益、自治、互助等方式解决，进而缓解各种社会矛盾。推动社区基金会的发展，使居民自治有效运转得到了资金支持，进一步增强了居民参与主动性，有助于扩展社区的自治空间，推动公民社会的良性发展。同时，通过企业、社会组织、社区居民等多元主体共同参与，构建互动的社区治理新体系，能有效强化基层"末梢"的管理和服务，稳定基层秩序。基于此，农村地区村民自治的发展可以借鉴和吸取社区基金会成功运作的有效经验，以能够为落实村民参与权提供重要的资金支持。

2. 外部融资

如果说深圳创立社区基金会是从内部募集资金的方式推进基层自治的话，那么珠海开创的驻村"乡村金融吧"模式就是从外部吸收资金来开辟财源，为基层自治的持续运转奠定重要的经济基础。由于当前农村金融服务薄弱，农村金融机构网点覆盖低，金融服务"三农"的力度不足，对农民创业、农业产业发展支撑不够，农民生活水平难以提高。从这个角度来看，如果农民生活难以得到应有的保障，更遑论要调动村民投入时间和精力参与村庄治理。因此，为全面优化农村金融环境，提高农村金融服务能力和水平，支持幸福村（居）建设，珠海金湾区开展农村普惠金融试点，在三板村建立"乡村金融吧"。"乡村金融吧"于2014年12月24日正式运作，成为农村普惠金融一站式服务、农村农户信用综合评定以及农业产业、农民创业天使投资窗口的"三合一"金融服务综合平台。"乡村金融吧"提供的服务主要有：村民不出村便可在吧里取款、存款、贷款;对村民、农户和企业进行信用评级;区农业产业发展基金推广,实现农业担保、贴息和天使投资;金融机构驻村挂点,提供咨询服务;农村金融服务及其使用有关知识和技能的培训;村内60岁以上的"三无"老人和80岁以上的老人享受由政府买单的老年人意外伤害综合保险;等等。①"乡村金融吧"提供的贷款担保贴息乃至天使投资服务主要是来自金湾区农业产业发展基金。该基金主要由区财政拨付,余额每年保持500万元,其中200万元用于融资担保、贴息及保费补助,300万元用于农业天使投资。三板村"乡村金融吧"正式运营以来,村民由一开始对新事物的好奇逐步转变成切切实实感受到它的实惠:区金融服务中心已与中国人寿保险公司签约,开展"乡村金融吧""银龄安康"公益行动,将三板村、沙脊村60周岁以上的521名老人纳入"银龄安康"受惠范围进行投保。

  "乡村金融吧"的建立有利于改善村民的经济生活环境和条件,提高村民的生活水平,能为进一步落实村民参与权提供重要的经济基础,对村民自治事业的顺利进行发挥重要的作用。这表现在三个方面:一是对乡镇政府来说,有利于减轻其财政负担,提升政府公共服务供给的专业性和效率性;二是对村庄来说,为它的建设和发展"输血供液",创造了良好的金融环境,更有利于它开展公共事业、公益事业活动;三是对村民来说,在生活得到有效保障的基础上,调动他们参与村庄治理的热情和积极性,培养他们当家做主的民主意识和民主能力。

---

① 参见《全国首个驻村"乡村金融吧"》,见 http://zh.southcn.com/content/2015-08/06/content_130135981.htm,2015年11月1日。

(二)供给人才以推动自治运转

1. 一村一法律顾问

2014年5月5日,在总结、提升试行经验的基础上,中共广东省委、省政府联合下发《关于开展一村(社区)一法律顾问工作的意见》。广东省迅速动员全省律师到各乡村担任驻村法律顾问,截至2015年5月底,广东全省25931个村(社区)与律师事务所签订了服务协议,共有7507名律师和实习律师担任村(社区)法律顾问,实现了全省全覆盖,比预期提前了5个月。中共广东省委、省政府于2015年5月5日联合发文,以建设幸福村(社区)为目标,将"一村(社区)一法律顾问"工作作为"1号工程",在全省范围组织执业律师担任村(社区)法律顾问。"一村(社区)一法律顾问"为提升基层自治组织依法管理的水平、维护群众合法权益、促进社会和谐稳定起到了很好的作用。[①]

作为试点单位的揭阳市采取了先行先试、以点带面的方式,率先在全省欠发达地区全面铺开"一村(社区)一法律顾问"工作,目前,全市1623个村(社区)均已安排执业律师(或实习律师)挂钩担任法律顾问。揭阳市采取抓典型、树标杆的方式,努力打造可复制、可推广的"一村(社区)一法律顾问"揭阳模式。在全市选择8个村(社区)作为示范点,每个示范点建立"一块公示牌,一间律师工作室,一个宣传栏",为群众提供直接方便的法律服务。在"一村(社区)一法律顾问"工作开展方面,揭阳市还勇于创新,创造性地推出"六建一编"模式,有效提高了村(社

[①] 参见李锐忠等《"一村一法律顾问"广东推行一周年》,载《民主与法制时报》2015年8月9日。

区）法治化水平。"六建"即建一个村（社区）的法治班子、建一个法律讲堂、建一套民主法治规章制度、建一个法律文化基地、建一个法律顾问团、建一个"揭阳一村一法律顾问"网络平台。"一编"即编一本《揭阳律师以案释法村（居）行读本》，由全市律师利用身边案件以及热点、重点法律问题以案释法。① 可以说，通过"一村（社区）一法律顾问"，为基层自治引进了法律专业人才，有助于提升基层干部的法律知识和素养，为基层民主治理的发展提供了重要的智力支持和外力作用。

2. "第一书记"下乡

早在2012年，中共广东省委、省政府就要求全省各地积极探索从县直部门和乡镇机关选派优秀干部担任村"第一书记"。同年，广东铺开了市、县、镇三级联动选派机关干部挂任村（社区）"第一书记"的活动。第一书记必须具备的条件是：政治素质好、中国共产党正式党员、一年以上党龄、具有一定的党内生活经验和党务工作常识，热心农村工作、乐于奉献、志愿带领群众致富、为群众办实事和解难题，等等。例如，从2014年9月下旬开始，惠州从市直和县（区）机关、企事业单位选派338名干部，经培训后以"第一书记"身份奔赴全市各经济薄弱村和后进村，开展为期1年的驻村工作。村党组织的日常工作由村党组织书记负责抓。选派"第一书记"到村，其主要履行带好班子队伍、助推经济发展、联系服务群众、化解矛盾隐患、规范民主管理等职责。截至目前，惠州的"第一书记"为各村办好事实事1400多件，收集到意见建议14500余条，健全完善规章制度620多项，全市共整顿软弱涣散基

---

① 参见彭志强《以揭阳为试点 广东一村一法律顾问全面推广全覆盖》，见 http://law.southcn.com/c/2015-06/08/content_125840379.htm，2016年7月23日。

层党组织 303 个，整顿转化率达 100%。①

选派"第一书记"到村驻点工作，比较明显的作用就是"第一书记"在增强广东基层党组织的凝聚力和战斗力的同时，在村容村貌、村庄经济发展、文化娱乐设施改善等方面也起了很大的作用。如果再往更深层次思考的话，向城乡社区选派第一书记对于基层自治的作用就是提供强劲的外力支援，利用他们各自在资金、项目、人才、信息、管理、党建等方面的资源优势，帮助解决基层难题。这不仅有助于调动村"两委"工作的积极性，帮助和指导他们在决策、管理和监督上找到思路和方向，而且无形之中也为激活基层自治提供了全新的活力。

（三）更新技术以调动公众参与

引进和更新技术对于调动公众参与社区建设，并推动基层治理能力现代化有着重要意义。以下选取惠州市的"掌上村务"和增城区下围村打造议事会微信平台两个案例进行分析。

1. 掌上村务

"掌上村务"主要做法是以村（居）为单位，依托中国移动"企信通"手机短信平台，由各村（居）党组织不定期向本村党员或户代表等发送手机短信，内容包括时事、政策、学习、生产、村务等。② 2012 年 5 月以来，惠州市惠阳区依托移动通信技术在该区 127 个村（居）开设了"掌上村务"便民服务平台，成为惠阳区推动"基层组织建设年"活动的创新举措。村民通过短信回复到所在

---

① 参见王彪《温暖乡野，惠州"第一书记"悄然改变基层》，载《南方日报》2016 年 8 月 10 日。

② 参见韩东升、林成珠《惠州移动打造"掌上村务"》，见 http://www.cnii.com.cn/informatization/2014-09/15/content_1444205.htm，2015 年 11 月 1 日。

村（居）短信平台，可对村（居）管理提出意见和建议，参与民主提事、决事、理事、监事，实现决策科学化、民主化。惠阳区同时开通"村务热线"电话，方便村（居）委会与村民的沟通与交流。"掌上村务"短信突出为村民服务的特点，筛选和收集村民所需要的实用信息，重点是把本村重大事项、财务收支、集体收益分配等村民最关心的内容以短信形式公开。"掌上村务"具有四大创新之处：一是惠民政策"掌中握"，二是群众意见建议"掌中提"，三是村务社情"掌中知"，四是党群关系"掌中系"。据悉，从实施之日到2014年3月，惠阳全区127个村（居）党组织共发送短信112.2万条，收到党员与群众短信4.7万多条，收集意见与建议1340多条，帮助民众解决了近600宗问题。例如，沙田镇东明村有一座危桥。该桥是东明小学300多名学生以及桥头村村民每天必经之路。村里几个村民联合通过"掌上村务"平台向村委会反映修桥一事，村委会通过"掌上村务"向全村征集修桥意见，经村民同意后，再通过"掌上村务"等平台筹集修桥善款并公开修桥的一切开支，最后该桥于2013年年底完工并投入使用。

"掌上村务"信息技术平台的推广使用为村委会与村民的互动交流提供了良好的信息平台，村民既可针对村（居）大小事务发表个人看法，又可就村（居）管理事务与村（居）委会干部交换意见，而村（居）党组织通过平台收集民意、了解民需、发挥民智，以畅通党群、干群沟通的渠道。这样，既可保证党的领导和政府的服务下乡，也可拓宽村民政治参与的渠道，保障党员与群众的知情权、表达权。可以说，"掌上村务"为激活村民自治提供了重要的技术力量支持。

2. 微信平台

在增城区下围村，为积极开展村民代表议事会，村里干部也开动脑筋，利用现代信息网络媒介打造微信平台，随时随地向公众公开村中大小事务的决策信息。议事会微信平台要求做到"三公开"，主要表现在决议前要公开、决议过程要公开、决议结果要公开，做到事事公开化、事事透明化。下围村微信平台的推出形成了一个有效的公开机制，主要体现在三个方面。一是在决议前，议题一般由村"两委"提出，经由村"两委"联席会议充分讨论，并形成初步方案后提交村民代表会议审议；村民代表会议审议的议题要提前公示3天，村务不仅要在村务公开栏、村广播站公布，还要在微信平台公布，村民通过手机扫一扫即可参与微信群的讨论，把自己的意见传达给村委会。村民如果不会使用微信平台，也可以直接找村"两委"干部或是村民代表反映意见。同时，还要求村民代表利用3天的时间深入到群众与党员中去听取意见。公示3天后，代表们方可带着群众的意见到议事大厅议事决策。二是在议事过程中，村民可以在旁观席观看，也可以通过微信平台围观，以保证村民能够及时有效地查看到村庄大小事务的管理动态情况。三是在决议后，每一次村民代表会议审议通过的议题要形成会议纪要，并及时放到微信平台向全体村民公示，或者通过广播站等载体向村民进行传播。

下围村村民代表议事会微信平台的产生和运行，不但提高了其议事决策的效率水平和公开透明度，也确保了权力能够在阳光下运行，打造了一个让村民意见、疑义能够充分涌流和体现的虚拟空间，也为村民行使知情权、表达权和监督权提供了一个重要的技术平台，从而使村民的参与权得到落实和巩固。

七、小　　结

2014年"中央1号文件"提出"探索不同情况下村民自治的有效实现形式",在这个新时期、新阶段探索落实村民参与权的有效实现形式就更显示出其紧迫性和必要性。从上文分析而知,广东在面对和克服推行民主选举、民主决策、民主管理与民主监督过程中的诸多问题和挑战时,就如何落实村民参与权展开了新一轮的探索改革,为广大村民参与基层治理创造了良好的制度环境和实践条件,取得了相当规模的成效和经验,对于深入推进基层民主治理具有重要的启示意义。

(一) 成效

概而言之,广东落实村民参与权的成效可以归纳为五个方面。

第一,在选举权上,通过自治重心下移缩减选举规模、团队竞选创造双向互动平台、选举观察确保选举公平公正等探索,有效改变了一些地区农村选举规模过大、候选人与村民缺乏沟通与交流的机会、选举不够公开公正等不良现象。这些举措有利于规范民主选举的程序与过程,克服选举过程中产生的宗族主义、黑恶势力干扰、买卖选票等乱象,净化农村民主选举的环境与空气,创造更好的环境和条件以调动广大村民积极参与到民主选举的各个环节之中,让村民选出令自己满意的当家人。

第二，在决策权上，通过引入民主协商机制来加强村民的决策权。这主要表现在增城区推行的"村民代表议事制度"、中山实施的"1+5"民主议事决策机制、梅州实行的协商议事机制上，从而改变民主决策发展过程中存在的决策程序化不强、代表广泛性不足、决策效率性不高等不足和弊端，以实现增强决策程序性、扩大决策代表性、提高决策效率性等预定目标，改变过去村民委员会权力垄断的格局，增加和提升村决策机构的地位与作用，让广大村民的民意心声和意见建议能够通过村民代表会议或议事会得到更好的反映和表达，以有效实现和保障村民的合法利益。

第三，在管理权上，通过治理创新措施达到了管理主体多元化、管理制度法治化、管理事务公开化的目标。例如，广东一些地区如梅州市的村民理事会、云浮市的乡贤理事会，以及增城区推行的村务公开"阳光"工程等实践探索提供了很好的经验借鉴，化解了民主管理过程中存在的管理主体单一化，管理活动杂乱无章，管理事务不公开、不透明等难题，也有助于提升民主管理在"四个民主"权利中的地位与意义，使村民成为村庄公共事务管理的主体，提高农村民主管理的效率水平与质量，让村民获得和享受到更好的公共服务供给。

第四，在监督权上，梅州市通过从设立村务监事会到全面建立村务监督委员会的探索，以及在一些地区开展农村基层党员、干部违纪违法线索集中排查活动，提升了监督队伍人员的专业化水平，保证了监督公平、公开进行，增强了村民的民主监督意识，同时也畅通了监督渠道。这些举措有助于改善农村地区的政治生态，使村民发挥监督主体的作用来保证村干部正确用权、有效用权，防止权力的变异和扭曲，使民主监督成为遏制权力腐败的"利剑"，为基层民主政治事业的发展提供有效的制度保障。

第五，在推动四权同步发展过程中，提供了资金、人才和技术三方面的重要支持。在吸纳资金上主要有属于内部集资形式的深圳社区基金会，以及属于外部融资的珠海驻村"乡村金融吧"，为发展和落实村民参与权提供了重要的经济来源；在人力资源支援上如"一村（社区）一法律顾问"、驻村"第一书记"，为促进基层自治运转和村民参与提供了智力支持和外力作用，带来了新的活力和动力；在技术支持上通过创新探索"掌上村务"、微信平台等方式，为村民参与村庄大小事务的决策、管理和监督提供了丰富多样的渠道与形式，也为村民与村干部的双向互动和沟通提供了宽阔畅通的虚拟平台，有效促进了干群关系更加紧密联系在一起。

（二）经验

具体而言，广东落实村民参与权的经验主要体现在五个方面。

1. 落实村民参与权的方向要从单向注重权利的授予转向权利的授予与行使双向并重

民主选举更多的是解决权利授予的问题，而民主决策、民主管理和民主监督则更多的是解决权利行使的问题。欧博文和韩荣斌认为，评价村民自治的绩效是一个复杂的过程，以往的评价在内容上是单一的、有缺陷的，注重了权利的获取，忽略了权利的运用，只将民主选举的评价作为主要内容，难以形成高质量的民主。[①] 在基层自治实践过程中，很多地方往往率先选择以民主选举为突破口并"单兵突进"，而民主决策、民主管理和民主监督等环节未能及时跟进，即权利行使的变化没有跟上权利授予的变化。也正是由于民主选举带动不了后"三个民主"的发展，"四个民主"呈现断层的态势，导致基层自治难以有效运转起来。对此，广东的"四权"同步

---

① 参见 Kevin J O'Brien, Rongbin Han. Path to Democracy? Assessing Village Elections in China. Journal of Contemporary China, 2009, 18 (60), p.376.

发展的改革逻辑，就是要化解权利授予和权利行使二者之间相互脱节的难题，从而有效地破解长期以来形成的以选举为中心的格局，实现向民主治理的方向转移，推动基层民主政治的建设和发展。

2. 探索落实村民参与权的有效实现形式的前提是要因地制宜

不同的地方有其自身的特点和情况，其经济、文化、政治、社会都存在差异性，并不能将单一制度无条件地复制、推广到任何一个地区，这样的"一刀切"往往事与愿违，容易导致基层自治制度"空转"或悬于墙头之上，必定会影响基层治理的质量。清远市自治重心下移，在自然村一级成立并选举村委会，启示我们可以在自然村一级推行民主选举。村民代表议事制度、"1+5"民主议事决策机制或协商议事会制度，也是各地根据自身实际情况制定并推动实践的，都是村民代表会议的有效实现形式，都将民主协商的要素整合到基层民主决策环节和过程之中，进一步完善了决策的程序和规则，扩大了决策范围的代表性，提高了决策的效率水平；通过提升民主决策在基层自治实践中的作用与地位，破解了村民会议或村民代表会议"形式有权，实际无权"的难题，并带动民主管理、民主监督同步发展。

3. 落实村民参与权的重点在于有序引导村民的政治参与并切实保障村民的民主权利

基层自治之所以陷入困境之中，其中一个原因就是农村的公共事务和公益事业管理往往是由一小撮村委会干部决定和做主，并受乡镇干部的干涉。由于缺乏村民积极主动的参与，基层治理呈现出精英化治理的趋势，自治容易异化为少数人的"权利游戏"，村民的民主权利自然就难以得到有效保障。没有村民的配合与支持的基层自治就不是真正的自治，去精英化和去行政化是维持基层民主自治的重要选择。从广东落实村民参与权的探索实践来看，无论是民主选举，还是民主决策、管理、监督，都注重村民的参与，强调基层村民要参与到基层自治的每个环节中，并创造良好的环境和条件让村民有效地行使知情权、表达权、参与权与监督权，培养他们的民主意识，提升他们的民主能力，使人民群众能真正具备"当家做主"的民主精神。

4. 落实村民参与权的关键是提高基层自治的制度化、规范化水平

《村民委员会组织法》对民主选举做了详尽的规定，诸如选民登记及名单公布、选举委员会产生、候选人提名、无记名投票、秘密写票、公开计票和当场公布选举结果等环节都有细致的规定。然而，民主决策、民主管理、民主决策的制度化与规范化水平却跟不上民主选举，出现杂乱无章的现象。而增城下围村的《石滩镇下围村村民代表议事制度》、蕉岭县的《村民理事会议事基本规程》，以及广东省民政厅、监察厅、财政厅联合出台的《广东省村务监督委员会工作规则》等实践探索，保证了基层管理活动有章可循、有规可依，为基层自治深入发展打下了厚实的经验基础，有利于进一步提高基层决策机制、管理机制、监督机制的制度化、规范化和程序化水平。这给予我们的启示就是在深入一步推进基层自治的前进道路上，还必须更加注重制度供给与制度需求之间的平衡问题。

5. 落实村民参与权的重要基础是为基层自治创造有利的资金、人力和技术支持

在极力推进民主选举、民主决策、民主管理和民主监督四权发展以落实村民参与权的过程中，保证充足的资金和技术支持是必不可少的，否则自治很难运转起来。在资金支持上，深圳社区基金会以内部筹集资金重建基层自治的方式，珠海驻村"乡村金融吧"以外部融资来为自治事业奠定经济基础的方式,都是为基层自治"输血供液"的重要方式,摆脱了只是单纯依靠财政补贴支持的束缚。在人力支援上,"一村一法律顾问"和向基层选派"第一书记"为基层干部的治理活动提供了知识的有力支持。在技术支撑上,惠州"掌上村务"、增城微信平台有效地拓宽了村民政治参与渠道,激发了村民参与村庄管理的热情和激情。从这些为落实村民参与权创造有利环境和条件的实践来看,必须要改变传统的"等、靠、要"思维模式,开发拓展新的思维方式,为自治提供充足的资金支持;同时,要善于利用现代科技的优势,进一步引进更新技术,积极应用"互联网+"、智慧社区等现代信息技术来推动基层治理的探索、创新和改革。

(三)启示

从上述经验总结可知,广东在探索落实村民参与权所展现的经验对于进一步深入持续推进基层民主治理具有重要的启示意义,主要表现在三个方面。

第一,完整落实村民的参与权有利于为村民自治的持续运转创造动力。通过实施"四权同步"能有效降低短暂的、无序的农村选举对乡村秩序的破坏,强化决策民主、监督民主以及管理民主在乡村生活中的地位与作用,确保村民自治的民主参与性。这不仅有利于保证村庄秩序的稳定有序,也可为村庄的民主治理创造不竭的动力源泉。

第二,落实村民的参与权有利于调动他们参与基层治理的主动性和积极性。以往村中无论是大事还是小事,都是由村民选出的村干部拍板说了算,并不容村民有说话和讨论的空间,更难有村民参与决策的机会。但是,通过落实村民的参与权,能够使他们逐渐掌握选举权、决策权、管理权和监督权。这既有利于发挥村民的积极性与主动性，也有利于改变"村干部当家做主"的局面，让村民能够充分参与到村庄公共事务的管理过程之中，为村庄的建设和发展贡献他们的智慧与才能。

第三，落实村民的参与权有助于实现国家治理能力和治理体系的现代化目标。所谓"基础不牢，地动山摇"，要维持基层农村社会的稳定发展，就要切切实实地强化和落实村民的参与权。但是，由于以往的基层治理格局重在强调国家和政府的作为以及社会组织的投入，忽视了村民这一主体的积极行动，基层社会的民主与治理的目标并不能如期理想地实现。面对如此情况，如果要实现国家治理能力和治理体系现代化的目标，就要实现国家、社会与村民之间的互动与一体化合作，以提升村民在基层治理过程中的作用与地位。落实村民的参与权有助于提升村民参与治理的能力，这对于获得基层社会的治理绩效和民主目标具有重要的正效应。

总之，广东的基层治理要落实村民参与权以突破困境就要进行探索创新，选择由以选举为中心向以民主治理为中心的转变是一种重要的路径选择。事实已经证明，实现"四个民主"的全面同步发展并创造有利的环境和条件的现实可能性已经显现，它将有利于进一步推动广东的基层治理能力和治理体系现代化，并促使基层自治有效地运转起来。当然，广东虽然在基层社会已经建立起支撑基层治理的民主选举、民主决策、民主管理和民主监督四根基柱，但是基层社会在深化改革过程中还有很多未解的问题和潜伏的挑战，仍然需要我们在实践中去发现和解决，从而对如何更好落实村民参与权进行进一步的探索和实践。

后　记

　　与时俱进是中国共产党稳健执政的重要经验。近年来，伴随着中国社会与经济发展向纵深推进，新问题、新挑战随之而起。明者因时而变，知者随事而制。共产党高层先知先觉，统筹布局，谋划现代治理；基层先行先试，探索实践，戮力治理革新。

　　顶层设计源于中央，行动推进在于地方，创新探索始于基层。那么，治理现代化指向什么问题？地方实践提供哪些方案？基层探索形成何种经验？我们不妨"解剖麻雀"以求解。

　　借全面深化改革东风与新型智库建设契机，广东地方治理研究团队着眼于地方实践以审视深化改革，立足于广东探索以窥探现代治理。依托中山大学政治与公共事务管理学院、国家治理研究院，以中山大学肖滨教授为首席专家，研究团队整合中山大学、中共广东省委党校、广州大学等学术力量，已先后承接国家社会科学基金重大项目"扩大公民有序政治参与：战略、路径与对策研究"、青年项目"国家建设视域下外部扶贫力量嵌入村庄治理研究"、广东省民政厅"村（居）民自治改革创新工程"等10多项国家和省部级课题，形成《公民身份构建视野下农民身份转型的政治》《寻找安全：中国社会的风险冲突》等多篇博士学位论文，出版《为中国政治转型探路——广东政治发展30年》《城市化进程中农民身份转换研究》等多部著作，在《中国社会科学》《政治学研究》《社会学研究》《管理世界》、Modern China 等国内外知名刊物发表数十篇论文，提交多份决策咨询报告并获得省级以上领导的重视与批示。

本书是广东地方治理研究团队的新近成果，以广东各级党委、政府推进基层治理现代化的积极作为为解剖之"麻雀"，从基层治理如何推进结构平衡出发，围绕领导权、行政权、经济权、自治权、参与权五权建构整体分析框架，梳理广东基层治理体系优化和能力提升的新近实践，总结广东基层巩固党权、优化治权、激活产权、规范自治和保障参与的创新举措，阐发全面深化改革新时期广东基层治理探索之于推进国家治理现代化的启示与借鉴。

本书是在中山大学肖滨教授主持下集体合作的成果，由肖滨教授、广州大学蒋红军副教授、中共广东省委党校陈晓运副教授与温松副教授，以及中山大学博士研究生方木欢共同创作。一年前，肖滨教授着手于深入探究广东治理现代化经验，蒋红军、陈晓运副教授等积累的广东基层治理案例的素材正待总结，双方不谋而合，随即协同作业。其中，肖滨教授是本书得以成形的"主心骨"和"黏合剂"。他不仅主持设计全书框架，部署研究团队分工，而且争取省、市党政有关部门的支持，推动研究成果最终出版。蒋红军、陈晓运副教授负责整合研究资源和协调项目，全程对接地市部门，统筹安排实地调研，把握团队成员研究进度。温松副教授负责定期召集团队研讨活动，同时发挥其学术期刊编辑的特长，为本书的技术处理（注释统一、表格完善等）花费了不少时间和精力。博士研究生方木欢在参与写作的同时，还承担了最为琐碎的财务报销工作。在写作方面，蒋红军负责前言和第三章（重塑集体产权），温松负责第一章（巩固党的领导权），陈晓运负责第二章（优化基层政府行政权）和后记，肖滨和方木欢负责第四章（规范群众自治组织的权力）、第五章（落实村民参与权）。

本书的完成也得益于诸多无私的帮助。广东省相关党政部门为实地调研和资料搜集提供了大力支持，中山大学出版社嵇春霞副编审的认真负责推动了本书的顺利出版。在此一并表示感谢。

近年来,广东各地、各部门实施了一系列的新政策、新举措,以创新探索撬动深化改革,以积极作为推动基层善治。这本20余万字的小书虽然只能勾勒其基本图景和大致脉络,却寄托了我们对广东在推进国家治理现代化进程中再次先行一步的期待。由于研究者能力水平的局限、素材获取的制约和写作风格的迥异,本书窥豹一斑,难免挂一漏万,疏忽错谬定然为数不少,我们真诚地欢迎和期待大家的批评。未来,广东地方治理研究团队仍将继续以"问人间政治之道以善政天下,求公共管理之理为良治中国"为价值追求,立足广东,扎根实践,深耕理论,探求改革逻辑,传播广东经验,助力国家治理。

广东地方治理研究团队
2017年4月1日于中山大学